Düppel-Alsen

Von

Carl Bleibtreu

Illustriert von Chr. Speyer

Stuttgart
Carl Krabbe Verlag
Erich Gussmann

Herausgegeben von Harald Rockstuhl

Umschlaggestaltung nach dem Original neu von Harald Rockstuhl
mit einer Zeichnung von Christian SPEYER (1855–1929)
Karte auf der Umschlagrückseite aus „Düppel-Alsen"
von Carl Bleibtreu.

Der Autor: Carl (auch Karl) BLEIBTREU war Schriftsteller und Kriegshistoriker.
* 13.1. 1859 in Berlin, † 30.1. 1928 in Locarno. Er war der Sohn des Schlachtenmalers Georg Bleibtreu (1828–1892).

Zeichnungen im Buch: Christian SPEYER (1855–1929)

Reproduktion und Bearbeitung: Verlag Harald Rockstuhl

Dieses Buch wurde in die Deutsche Nationalbibliografie der Deutschen Bibliothek aufgenommen. **http://dnb.ddb.de**

1. Reprintauflage 2009
Reprint der Ausgabe von 1906 mit dem Originaltitel:
„Düppel-Alsen" von Karl Bleibtreu
Stuttgart: Carl Krabbe Verlag – Erich Gussmann, 1906

ISBN 978-3-86777-013-2

Verlag Rockstuhl
Lange Brüdergasse 12   99947 Bad Langensalza
Telefon: 0 36 03 / 81 22 46   Telefax: 0 36 03 / 81 22 47

www.Verlag-Rockstuhl.de

Düppel

Über frisch umgepflügtem Ackerland und steilen, struppigen Knicks der Kirchdörfer dröhnte ununterbrochen des Krieges Orgelspiel, alle Tonarten seines Registers aufziehend. Auf Vorposten in ausgebrannten Gehöften hatte man nichts als Feuer und Licht: dafür sorgten platzende Sprenggeschosse. Patrouillen wandelten einsam an Leichen vorüber, an Weg und Steg verstreut, verklärend angeglüht von Röte des Feuerscheins und fahler Mondscheinblässe.

Hold und lieblich blühte der nordische Lenz am fetten Inselstrand von Alsen, auf der reichen Küstenebene von Düppel. Prächtig entstieg die Sonne im Osten dem wogenden Meer, Lerchen tirilierten über gesegnete Trift, vom hochgelegenen Broacker Kirchlein schweifte der staunende Blick bis zum Flensburger Hafen. Magischer Schein des Frühlingsmonds ergoß sich in stillen Nächten, wenn Nebel nur in unterer Luftschicht hing und droben die Sterne klar hervortraten. Manchmal regnete es eiserne Zuckerhüte mit glühlichtem Feuerwerk, als venezianische Nacht. Wenn die Kanone nicht mehr grollte und das Summen in den Laufgräben schwieg, plätscherte das Meer in schäumigen Wellen sanft an hartbordige Ufer. An hochstämmigen Buchen der Büffelkoppel sproßte das erste Grün und leiser Rauch quirlte aus Barackenlagern, als koche hier ein riesiger Zigeunertrupp in tiefstem Frieden auf freier Haide sein Abendsüppchen. Doch wenn die Sonne aufging und zauberisch das herrliche Panorama des Sundewitt und seiner tiefen Buchten beleuchtete, bis rote Dächer und Windmühlen des Städtchens Sonderburg drüben jenseits des Sunds aufschimmerten und Kugellöcher im Mauerwerk des alten Schlosses drüben durchs Fernrohr deutlich hervortraten, dann fuhren über reiche Dörfer pfauchend und heulend Geschosse hin. Schwarzer Wappenvogel auf weißem Feld wetzte den Schnabel gegen das weiße Danebrogkreuz auf rotem Banner über langen dunkeln Schlachtreihen. Jeder Apriltag sah aufs neu blaue preußische Hummeln dahinschwärmen durch knickbesäte Flur, wo noch keine Sommerblumen den Ginster färbten. Doch rote Achselklappen und die gelben der Posener und das Grün der Lübbener Jäger brachte blumige Buntheit ins ernste Heeresbild, wo eintönig Tiefblau von Mänteln, Röcken, Mützen die dänischen Schanzen füllte. Draußen auf rollenden Fluten schwamm ein schwarzes Ungetüm, ein eiserner Feuerdrache, Rolf Krake genannt, der Dänen mächtiges Kriegsschiff. Blaue Wogen des hügelumkränzten Busens spiegelten sein düsteres Bild, unheimliche Leblosigkeit des festverschlossenen Decks, unter ihm in stählerner Tiefe Flammenzunge und Schweif und Krallen.

— — — — — — — — — — — — — — — — — — — —

Im Februar türmten sich hier Schneemassen, feine Eisstücke erfüllten die Luft, der Wind schien dem Voranschreitenden Stiche in die Lunge zu versetzen. Dann schlug das Wetter, es gab Lachen geschmolzenen Schnees, Moräste auf Feldwegen. In diesem Matsch watete der preußische Angriff langsam näher, überschwemmte Büffelkoppel, Sandberg, Spitzberg, Nübelwassermühle, Stenderuper Holz, südliche Halbinsel Broacker, Ravenskoppel, Pütthaus. Umsonst pfiff der Dampf aus Schornstein und Rohr des gepanzerten Rolf
5 Krake, als er am Eckensund beilegte, die dort geschlagene Schiffbrücke des preußischen Heereszugs wegzufressen. Seine gierigen Drachenzähne erwiesen sich als zu stumpf, sein Panzerrock kaum dicht genug gegen deutsche Eisenballen. Seine fast fünfzölligen Stahlplatten und die sechszölligen seiner zwei drehbaren kantigen

Kugeltürme überm Verdeck erhielten an der Backbordseite genug Vertiefungen durch einschlagende Kugeln. Matrazen fingen Feuer, vom Top des Großmastes ward der Wimpel heruntergeschossen und fiel, als wolle der furchtbare Monitor die Flagge streichen. Neunundsechzig- und Vierundachzigpfünder der Türme brüllten vergebens. Mit seinen vierunddreißig Fuß Breite und hundertzwanzig Fuß Länge glitt jetzt das gefürchtete Ungeheuer wie ein schwimmender schwarzer Sarg lautlos auf Vorgebirge zu und wieder zurück, glitt Küsten entlang, deren Saum der Fremdling umfaßte, Fremdling aus Südgermanien, der nur forderte, was ihm geraubt, altdeutsche Lande, meerumschlungen, Holstein und die Schleswiger Nordmark, wo einst Kaiser Otto seinen Speer als Grenzmal gesteckt und versenkt in die nordische Salzflut. Diese dänischen Seeräuber, Nachfahren von Wikingern und Warägern, schnitten sich dies gute deutsche Land heraus aus dem schwammigen Riesenleib des heiligen römischen Reiches deutscher Nation, dem später ihre skandinavischen Vettern aus Stockholm auch noch Rügen und Vorpommern als Finger von der Hand schnitten, während der Wälsche ein ganzes halbes Bein an Rhein und Mosel an sich riß. Jetzt auf einmal erhob Klein-Dänemark ein großes Geschrei über Groß-Deutschlands schnöde Gewalt, weil Riese Siegfried, aus langem Winterschlaf erwacht, den listigen Nordlandszwerg Alberich am Barte griff, bis er gestohlenen Nibelungenhort herausgab. Spät genug ergrimmte Michels Langmut über freche, tückische Ungebühr, Unterdrückung deutscher Sitte und Sprache im geraubten altdeutschen Land, übers Blut seiner tapfern Turner und Studenten bei Kolding und Fridericia, seiner tapfern Holsteiner Namensgenossen bei Idstadt. Ob auch ihr Volksaufgebot erlag und Preußen zögernd zurückzuckte, ob auch der in deutschen Dienst getretene Moltke und der erst spät zu großdeutschem Bewußtsein erwachende Junker Bismarck von holsteinischen Rebellen redeten, die sich ihrem rechtmäßigen Herrn und König in Kopenhagen unterwerfen müssen, zu mächtig loderte Nationalsinn im deutschen Volke, schob und drängte die Regierenden vor, zu stark lebte im greisen Prinzen von Preußen, der jetzt König Wilhelm hieß, ein wahres echtes Vaterlandsgefühl. Durch Ihn auf rechte Bahn gebracht, durch Ihn, dessen Verdienst um deutsche Einheit und Größe nachher durch feingefädelte Legende auf seine Ausführungsorgane abgewälzt wurde, thaten jetzt Bismarck und Moltke das Ihre.

Die wackelige Ruine Wrangel verkörperte hier nur in humorvoll anheimelnder Gestalt das alte gichtbrüchige Preußen mit der Schmach von Olmütz und Malmö, das nur als vorgeschobener Vasallenstaat Rußlands, seine Abwerfung fränkischen Jochs bitter bezahlend, als Macht zweiten Ranges sein Leben fristete. Aber schneidig und jugendlichmännlich stand hier Jungpreußen, auf Thaten brennend und von geheimer Ahnung seiner Kraft gerüttelt, im Roten Prinzen Friedrich Karl und dem kleinen forschen Stabschef Blumenthal, im abenteuerlich kühnen Goeben, dessen Westfalenbrigade aus Minden und Bielefeld sich schon hervorthat. Welch ein Geist in diesem neugeformten Volksheer lebte, zeigten die kecken Brandenburger. Als einem Fünfunddreißiger Kugel die Hand zerschmetterte und eine zweite gleich darauf die Brust streifte, hob er die blutige Hand zur Höhe: „Na, is det noch nich genug?" Füsilier Schurig vom gleichen Regiment schrie zornig: „Is nich, au bin ich falsch!", als er verwundet sich verbinden gehen sollte, und eroberte selber einen Danebrog. Von solchen Leuten konnte man vielleicht noch mehr erwarten, als Niederschlagen des kleinen nordischen Raubstaats an der Spree. Und als eine Schar Holsteiner Überläufer des Seeländer achtzehnten Regiments aus den dänischen Reihen in die deutschen sprang, die Preußen umarmte als deutsche Brüder, da ward jedem klar, daß dies Werk der Befreiung dem tiefsten Sehnen der Volksseele entsprach, daß es wohl nur Beginn eines allgemeinen Vorwärts nach oben sei. Als an der Eider schon Kränze und blauweißrote Fahnen der Südschleswiger die Befreier empfingen, da fühlte selbst der gemeine Mann, es klopfe hier mit das Herz des ganzen deutschen Vaterlands. Wo einst vor einer wackeren Milizbatterie Dänens stolze Orlops König Christian und Gefion in die Luft flogen oder die Flagge strichen, bei Eckernförde machten sich auch zwei Kriegskorvetten eiligst aus dem Staube — oder richtiger, aus dem Wasser — vor preußischen einfachen Feldgeschützen. Was half's, daß eins der Schiffe den stolzen Namen ‚Tor' trug! Der Donnergott gotischer Sage stieß hier auf gleichen Donnerer, den Donner der Niedersachsen. Was Orlog, was Dannebrog! Hier stehen Teutonen vom Teutoburger Walde.

— —

„Futteral ab!“ klang es bei Missunde, als die Sechziger ihre umhüllte Fahne sahen. Sie flatterte im Winde, Kugeln klatschten in sie hinein: so empfing Neupreußens erste Fahne die Feuertaufe.

Den ersten Schuß im Feldzug thaten Kompagnien Volqvartz und Madsen vom achtzehnten dänischen Regiment bei Friedensthal; hier bei Missundas Befestigungswerken stellte sich das dritte Regiment entgegen. Den Vorstoß von drei Kompagnien warfen unsere Fünfzehner zurück: „Hier bleiben wir stehen, kost' es was es wolle!“ mahnte Bataillonschef Lundbye vom achtzehnten die Seinen, den Abzug deckend. „Fallen wir alle zusammen!“ riefen die Danskes sich zu. Der kühne Lt. Lommer, in vorderster Linie aufmunternd, sank tötlich verwundet. Ebenso Kapitän Moltke und Regimentsadjutant Bluhme, Sohn des Ministers, vom dritten Regiment. Wo Kanoniere der Schanzen fielen, rief Lt. Clubien: „Nächster Mann vor!“, und Kapitän Hertel: „Bleibt ihr dem Feind Antwort schuldig, Kameraden?“ Clubien fiel, desgleichen auf der Brustwehr einer Nebenschanze der einarmige Veterane Kapitän Schow entseelt in die Arme seines Leutnants, als er eben rief: „Eine Kompagnie her zu Hilfe, der Feind stürmt!“ Lt. Hansen von Kompagnie Baller dritten Regiments schrie: „Pflanzt Bajonett auf, springt über die Brustwehr in den Feind!“ Ein kleiner blutjunger Unterleutnant Bache blieb mit zerschmetterter Schulter im Kommando seiner Schanzgeschütze. Kapitän Hertel schoß mit Kartätschen und rief unaufhörlich: „Antreten, Kerls, wir retten die Kanonen! so Gott will!“ Feldbatterie Johannsen fuhr auf, auch ihr Chef blieb blutend im Kommando. Ein sterbender Unteroffizier lobte seine Rekruten: „So ist's recht, halt' aus, Landsleute!“ Vierundsechzig preußische Feldgeschütze vermochten gegen neunundzwanzig schwere dänische Festungsstücke nicht aufzukommen, zumal Nebel alle Ziele umflorte.

Vier gefallene Brandenburger Offiziere röteten mit ihrem Herzblut die sich biegende Eisdecke der Schleibucht: die ersten Opfer der Einheitskriege. Als Leutnant Kipping, Sohn des Superintendenten von Bernau, in seiner Batterie fiel und dreißig seiner Kanoniere mit ihm tot und verwundet, da hörte Seherin Schicksal schon fern in den Lüften grollen den Schlachtendonner von Vionville.

Die Dänen bewiesen schon, daß sie brav genug seien und keinen Schießunterricht brauchten. Unsere Kanonade blieb erfolglos, der Sturm ward abgeschlagen. Dem Oberstleutnant v. François der Fünfzehner (durch Heldentod bei Spicheren geschichtlich geworden) zerschmetterte eine Kugel die Kinnlade. Sogar Prinz Friedrich Karls Ordonnanzoffizier v. d. Groeben von den Zietenhusaren fand den Tod, wie drüben Lt. Maulengracht vom vierten dänischen Dragonerregiment. Überhaupt überwog der preußische Verlust mit zweihundert Köpfen, wovon zwölf Offiziere, den dänischen von hundertvierzig, wobei neun Offiziere. In Kopenhagen herrschte Begeisterung, daß die Danewerke so stark sich hielten, und Prinz Friedrich Karls zu pomphafte Belobigung der „Kanoniere von Missunde“ verschleierte Mißerfolg und sprach unwahr von feindlicher Übermacht. Gleichwohl brauste Jubel durch deutsche Gauen, weil man sah, daß Ernst gemacht wurde. So begann am zweiten Februar der große Einheitskampf deutscher Nation.

Wohl schmälerte es insgeheim die deutsche Freude, daß man seitwärts an der Eider fremden Truppen begegnete, Weißröcken und Reiterweißmänteln, daß auch der östliche Donaustaat hier Ungarn, Polen, Böhmen, Italiener mitschickte, um politische Beute zu holen. Immerhin gab es doch auch deutsche Stammesbrüder dabei, Oberösterreicher, Steiermärker, Deutschböhmen, und ihr oberster Führer Gablenz, bei Magenta nach Reischachs Tod diese heldenhafte Division führend, nannte Sachsen sein Geburtsland. Steiermärker und deutschböhmische neunte und achtzehnte Jäger geben ihre Visitenkarte bei Oberselk ab, letztere pflanzten schwarzgelbe Fahne auf dem Königshügel auf. Ihre Federhüte mit den Auerhahnfedern, ihre hellbraunen Wintermäntel begrüßte man freudig im preußischen Heere.

Freilich thaten auch Polen und Ungarn dort ihre Pflicht.

Als Brigade Gondrecourt über Lottorf vorrückte, wo sich nordwestlich die Eisenbahn durch ein Torfmoor hinzieht und bei Klosterkrug die Rendsburger Chaussee durchschneidet, bemerkte man

in Nähe des Bahnhofs eine Schanze. Weiter westlich ragte eine Anhöhe, die sich nach der Karte als ‚Königsberg‘ herausstellte. Die rote Königsfahne von Dänemark flatterte stolz von diesem Hügel, als wolle er sich seines Namens wert erweisen. Hier stand das elfte dänische Regiment unter seinem patriotisch entschlossenen Kommandeur Major Rist, in der Nähe Bataillon Christiani vom neunten und ein paar Kompagnien vom ersten Regiment.

Dies Vorgehen am dritten Februar kam den Dänen so unerwartet, daß sie eben ihre Vorposten in aller Gemütlichkeit ablöſten, als das erſte Bataillon des Regiments König von Preußen ſich dem Dorf Jagel näherte, das aus zwanzig einzelnen Gehöften beſtand. In dieſe warf ſich der Feind ſogleich und überſchüttete die linke Flanke der Brigade mit heftigem Feuer. Oberſt Benedek, der dies Bataillon ſelber begleitete, ſank ſogleich blutend nieder. Major Riſt war ſogleich zur Kompagnie Ahlefeldt geſprengt: „Nu auf, Soldaten! Gewehr zur Hand!“ mit kerniger Anſprache, Kompagnie Staggemeyer griff ſelber an. Aus der Schanze ſandte eine auffahrende Feldbatterie mörderiſche Kartätſchlagen. Doch die öſterreichiſche Tapferkeit ließ nicht nach. Die Feldwebel Haſelberger, Godlewski, Michailowits und Führer Müller riſſen ihre Leute zu raſchem Anlauf fort, zwei bis zuletzt wütend um ſich feuernde Geſchütze fielen in ihre Hand. Hier ſanken viele ſtattliche Dänen unter Kolbenſchlägen, darunter ein Gymnaſiallehrer. Lt. Lund wurde ſterbend gefangen, von ſolchem Keulenhieb betäubt.

„Feind greift Feldwachen an!“ meldete erſtes Bataillon zwanzigſten Regiments, Major Schack, aus Niederſelk. In Jagel lag nicht, wie öſterreichiſche Quellen angeben, je ein Bataillon des erſten und neunten däniſchen Regiments. Das Dorf hartnäckig verteidigten vielmehr Holſtein-Südjütiſche Männer vom einundzwanzigſten Regiment, die von magyariſch-polniſchen „Befreiern“ nichts wiſſen wollten. Trotzdem eroberte das eine k. k. Bataillon nach zweiſtündigem Ringen Gehöft für Gehöft und brachte ſogar zwei Danebrogs als Trophäen heim. Da Regimentschef Oberſtleutnant Nielſen nicht zur Stelle war, trat Major Sabye, deſſen zweites Bataillon das erſte unter Kapitän Hackhe gleich anfangs ablöſte, verfrühten Rückzug an.

Inzwiſchen rückte das achtzehnte Jägerbataillon auf Oberſelk vor, wo hohe Knicks der ſiebenten däniſchen Infanteriebrigade Deckung gewährten. Die achte Infanteriebrigade ſeiner Diviſion (jede Diviſion zählte drei Brigaden) ſtellte General Steinmann gleichfalls bereit. Und wo die dunkelblauen Waffenröcke, lichtblauen Beinkleider, braunen Mäntel und Käppis der Dänen ſich vom Schneegelände abhoben, da erſcholl vom Königshügel brauſender trotziger Zuruf. Als ſolle die Höhe heut doppelt ihrem Namen Ehre machen, erſchien neben der Königsſtandarte der König Chriſtian selber, seine treuen Unterthanen und „tappern Landsoldaten“ zu äußerster Entschlossenheit begeisternd.

Doch die glänzende Tapferkeit der Österreicher ließ sich durch nichts aufhalten. Obschon hier acht Geschützen nur sechs und zuletzt sieben Bataillonen, wovon freilich kaum mehr als vier ins Feuer kamen, nur drei entgegenstanden, warfen die Jäger und zweites Bataillon Regiments Martini den Feind ungestüm über den Haufen, kamen einem Vorstoß zuvor und nahmen Oberselk nebst einem Geschütze weg. Hier litten dänischerseits drei Kompagnien neunten Regiments, Kapitän Meineke fiel, nur neun Unverwundete gefangen, während sechsundneunzig vom einundzwanzigsten Regiment sich ergaben.

Auf den nördlichen Höhen standen die Dänen jedoch wieder und General Graf Gondrecourt, ein barscher starrer Draufgänger, beschloß ohne weiteres, sie auch von dort zu vertreiben. So furchtbar das feindliche Blei in den Reihen wütete, wobei Major Stampfer vom Regt. Martini und Major Stransky vom Regt. Preußen den Tod fanden und bei der achten Kompagnie Regts. Martini alle Offiziere in ihr Blut sanken, ging es doch unaufhaltsam die Kuppe hinauf. Gondrecourt selbst im braunen Überrock und grünbebuschtem Hute, neben ihm seine Eskorte von Liechtensteinhusaren in weißen Mänteln und weißen Tschakos, ritt persönlich den Jägern voran. Den Säbel ziehend und schwingend rief er gewaltig: „Vorwärts, meine Braven!“ und gleichzeitig intonierten die Regimentsmusiken den Radetzkymarsch. Unterm Brausen dieser kriegerischen Klänge und herzhaftem Feldgeschrei stürmten Jäger und Linienfußvolk gemeinsam hinauf, wobei sie eine schwarz-gelbe Fahne von einem berittenen Stabsoffizier geschwungen sahen und blindlings folgten.

Sterbendem Fahnenträger des Polenregiments entriß Oberst Baron Abele, vom Pferde springend, die krampfhaft umfaßte Fahne: „Jetzt, Kinder, haltet den Schwur, den wir unsrer neuen Fahne gelobten! Hoch der Kaiser!“ In seiner Hand zerbrach ein Schuß die Fahne. Den Stumpf in der Hand, Czako und Mantel von Kugeln durchlöchert, erstieg er als Erster der Polen den Königshügel. Doch noch Schöneres erfuhr man dort von den Jägern, deren Oberleutnant Bayer v. Mörthal, durch linken Arm geschossen, wie beim Scheibenschießen ermunterte: „Gut geschossen, Figur links getroffen!", bis tödlicher Schuß in Unterleib ihn umwarf. Stabshornist Posluchni stürzte blutend halbohnmächtig, als er gerade Befehl erhielt, zum Sammeln zu blasen. Doch, sich wieder aufrichtend, nahm er günstigeren Fortgang wahr und blies statt dessen zum Sturme.

Die schillernden Hutbüsche der Jäger aus Spielhahnfedern, ihre hellgrauen Überröcke und die dunkleren ihrer Offiziere tauchten bald droben empor. Zugführer Wirth der Jäger, sowie Feldwebel Wollen, Korporal Gordon, Kadettfeldwebel Friedl des Regiments Martini drangen von der Seite zwischen die feindlichen Feuerschlünde und erbeuteten ein Stück. Die Dänen wichen und flohen. Freilich kostete ihnen der Kampf nur acht Offiziere und über dreihundert (nicht vierhundert, wie die Österreicher sagen) Mann, Gefangene inbegriffen, den Siegern dagegen dreißig Offiziere und über fünfhundert Mann tot und verwundet. Nach anderer Angabe verloren die Dänen sogar nur zweihundertfünfzig Köpfe, davon sechsundsiebzig unverwundet Gefangene. Hundertsechzig Köpfe entfielen aufs Holsteiner Regiment, dessen Leutnant Graf Rantzau blutend gefangen.

Doch schwerer wog das erwachende Siegesgefühl offenkundiger Überlegenheit bei den Südländern, heimliche Entmutigung bei den trotzigen Söhnen des Nordens. Spät abends kam auch noch das steirische Regiment König der Belgier heran. Sein Oberst Herzog Wilhelm von Württemberg, ein Held von Magenta und Solferino, begrüßte beim Vormarsch das Geschützfeuer Gondrecourts durch feurige Ansprache an seine Leute, die gleich ihm von Kampflust brannten. Am späten Abend entriß er noch im Fluge den Dänen fünfzig Gefangene im Bahnhof Klosterkrug.

Freilich übertreiben selbst heutige österreichische Berichte ungeheuer die angebliche dänische Übermacht. Da es sich nur um Nachhutgefecht handelte, brachte nicht mal Rist seine ganze Truppe ins Feuer, beim ersten Regiment ward nur ein Sekondeleutnant verwundet. Elftes Regiment zählte zwölfhundert, das holsteinische vierzehnhundert Mann. Dazu vielleicht tausend Gewehre von andern Regimentern.

Die Nacht war traurig und schaurig. Die Geschlagenen

drüben ermannten sich schon wieder, ihre Vorposten und Patrouillen beunruhigten die österreichischen. Wachtfeuer durfte man daher nicht anzünden, weil sich des Feindes bedrohliche Nähe verriet. Wie Nachtruhe finden im Winterbiwak bei einer Kälte, wie sie selten im meerumspülten Halbinsel- und Inselklima dieser Nordlande auftritt! Wie ein Anhauch des Todes breitete sich Frost über die eintönige Schneefläche.

Der dänische Feldherr de Meza, ein portugiesischer Jude, der sich vornehmlich mit Musik beschäftigte und in andern schönen Künsten dilettierte, nichtsdestoweniger ein umsichtiger Kriegsmann war, räumte die gewaltigen Danewerke, um nicht durch Umfassung Dänemarks einziges Heer einzubüßen. Im vorher berufenen Kriegsrat befand sich übrigens kaum ein einziger Führer ohne deutschen Namen. Nun die Zwingburg fiel, mochte das reizende urdeutsche Städtchen Schleswig, am härtesten vom Dänentrotz gepeinigt, wohl Flaggenschmuck am Friedrichsberg ausstecken und im Winter die Österreicher mit Blumen überschütten. Auf spiegelglatter Chaussee eilte die ‚schwarzgelbe Brigade‘ Nostiz, nachdem neulich eine ‚eiserne Brigade‘ (Gondrecourt) als Ehrenname geschaffen, den Dänen bis Oeversee nach.

In aller Stille bei finsterer Nacht und heftigem Schneetreiben verließ General de Meza am fünften Februar die Dannewerke. In Schleswig brachte Oberst Fellner v. Feldegg mit Regiment Coronini das erste deutsche Hoch aus, ein dreimaliges Lebehoch für den Habsburger Kaiser, dem sich der rauschende Hymnus des Haydnschen Nationalmarsches mischte. Doch waren's ja zumeist nicht gute Deutsche, sondern fremde Sarmaten und Magyaren, allerlei Slaven- und Steppenvolk, was hier unter schwarzgelber Fahne den Schleswig-Holsteinern ihre Befreiung verkündete. Weit inniger schnitt den nordischen Deutschen das herzliche Hurrah ihrer norddeutschen Landsleute ins Herz.

Doppeladler des Donaureichs hatte schon einmal in diesen Landschaften geflattert, als Tillys und Wallensteins Kroaten bis hierher streiften. Keine freundliche Erinnerung! Auch die tiefe Abneigung dieser alten Protestanten gegen die Katholischen erfüllte mit Mißtrauen. Doch die flotte herzgewinnende Art der Österreicher, wo Steirer und andere Cisleithanier ihr munteres Deutsch plauschten, beseitigte manchen Widerwillen und die Einwohner empfingen österreichische Befreier kaum minder herzlich als preußische. Nur brütete in allen Gemütern die dumpfe Frage: Was soll uns hier das ferne fremde Kaiserreich an der Donau, was sucht er hier, der Doppeladler? Was soll aus den befreiten Landen werden?

Als der deutsche Feldmarschalleutnant Gablenz mit dem Generalstäbler Gründorf von Zebegény, einem Magyaren, den wahrlich die ganze Geschichte sonst nichts anging — drastische Veranschaulichung dieser seltsamen Befreierhilfe — in Schleswig einritt und Brigade Nostiz die beflaggte Stadt erreichte, empfing ihn freundlicher Jubel. Regiment Coronini blieb dort als Besatzung, dagegen mußte Brigade Nostiz sofort am sechsten Februar morgens zur Verfolgung aufbrechen. Die Liechtensteiner Husaren unter Oberstleutnant Smagalski, den magyarischen Generalstabshauptmann vorauf, stoben in flottem Husarentrab übers Glatteis durch den Schneesturm dahin. Wirklich ereilten sie bei Hesse-Moor eine fahrende Kolonne mit schwerer Artillerie, zersprengten die Bedeckung und erbeuteten drei Zwölfpfünder. Immer weiter! Bei Helligbeck ging es in eine lange Trainsäule hinein. Anfangs hielt scharfes Gewehrfeuer sie nicht auf, mancher Danske ward zusammengehauen, doch einige in der Gasse verfahrene Wagen hemmten den Anritt. Umsonst versuchte eine Schwadron unter Rittmeister Graf Attems seitwärts zu umgehen, mehrere feindliche Kompagnien kamen im Laufschritt herzu und zwangen die Husaren zu schleunigem Ausbiegen rückwärts. Als die Verfolgung erneut fortgesetzt wurde, stellten sich endlich nördlich von Oeversee ganze Bataillone auf, eine Batterie schoß kräftig. Mit ritterlichem Ungestüm ritten zwar die Liechtensteiner an, drangen bis zwischen die Geschütze, doch aus den hinteren Knicks sprühten tötliche Gewehrsalven. Rittmeister Prinz Aremberg verlor das Pferd unterm Leibe, Husar Lippert lieh ihm das seine und flüchtet selbst zu Fuß querfeldein. So gelangte er bis vor die Front der neunten Jäger, Spitze der Brigade Nostitz. Kurz entschlossen las er später ein Gewehr vom Boden auf und schloß sich dem stürmenden Fußvolk an. Unter Verlust von zweiunddreißig Toten und Verwundeten sammelten sich die Weißmäntel nordwestlich von Oeversee. Hier boten wiederum Teile der Division Steinmann ernsten Kampf an.

Da der Rückzug auch unterm Feuer rasch nachtrabender österreichischer Artillerie vollzogen werden mußte, verlor Brigade Scharffenberg (neuntes, zwanzigstes Regiment) dabei im Ganzen drei Offiziere hunderteinundzwanzig Mann, Bataillonschef Norager neunten Regiments verwundet.

Gablenz hielt auf der Straße, den Herzog Wilhelm v. Württemberg erwartend, dessen ‚Belgier' im Anmarsch begriffen. Sie hatten drei eisige Biwaks hinter sich, wo Wenige schlafen mochten. Bei der raschen Vorwärtsbewegung bekamen sie seit vierundzwanzig Stunden nichts Warmes in den Leib, ohne abkochen zu können.

„Ist denn Ew. Königlichen Hoheit Regiment wirklich noch marschfähig und zur Verfolgung fähig?" fragte der Feldmarschallleutnant gespannt und zweifelnd den jetzt heransprengenden Kommandeur. „Ganz gewiß, Exzellenz!" erwiderte der Herzog ohne Zaudern, und mit freudigem Aufleuchten seiner Heldenaugen setzte er hinzu: „Danke gehorsamst für ehrenvollen Auftrag!" Sofort beschied er seinen Adjutanten Guggenberger: „Reiten Sie zum Regiment zurück! Es ist auf hohen Befehl zur Verfolgung bestimmt und soll noch heut bis Flensburg. Mag der Herr Oberstleutnant den Marsch beschleunigen!"

Befehl zu erneuter Anstrengung erregte bei den braven Steirern statt bedrücktem Mißmut nur lauten Jubel. Gablenz fühlte sich so bewegt und hingerissen von so viel kriegerischem Eifer, daß er entblößten Hauptes den flott ausschreitenden Vorbeimarsch des Regiments willkommen hieß.

Wahrlich, da mochte man jener alten Schlacht bei Raab gedenken, wo die Steiermärker Landwehr des Major Hummel das Beste that, indes die Ungarn flohen, so daß Vizekönig Beauharnais dort die Elite des Feindes vermutete!

Nach einstündiger Rast im alten Schlosse Gottorp, von wo das heutige Zarengeschlecht seinen Ursprung nahm, und kurzer Labung mit Brot und Speck marschierten die steirischen ‚Belgier' rasch vorwärts. Die beim Verfolgungsritt der Husaren stehengebliebenen Geschütze und umgerollten Wagen, weggeworfene Büchsen und Tornister, einige Leichen erweckten die Vorstellung, daß der Feind in Unordnung fliehe. Der Ehrgeiz, Trophäen einzuheimsen, stachelte die Kräfte derart, daß man zuletzt im Laufschritt die Chaussee entlang eilte. Der glatte Spiegel des Frostbodens, der mehrfach scharfe Einsattelung aufwies, vermochte ebensowenig diesen begeisterten Vorwärtsdrang zu lähmen wie der hinsausende Nordwind, unter welchem das Mark in den Knochen gefrieren konnte. Das Regiment marschierte heut volle vier Meilen, die letzten drei in fünf Stunden, trotz aller verzehrenden Mühsal und Entbehrung, die voraufging. Und nun sollten die Erschöpften noch unvermutet hitzigsten Kampf bestehen.

„Heut kommen wir dran!" rief das erste Kopenhagener Regiment, hinter welchem sich Brigade Scharffenberg wegschob. Um Abzug von Flensburg zu decken, pflanzte die dänische Nachhut sich anderthalb Meilen südlicher bei den zwei Häusergruppen von Oeversee zu beiden Seiten der Heerstraße auf. Brigadechef Max Müller, „schneidiger Max" genannt, ein martialischer Krieger mit langem Schnurrbart und glattrasiertem Kinn, brummte mit seiner rollenden Baßstimme: „Drüben eine Brigade, hier eine Brigade, gleiche Partie!" Doch Rgt. Hessen, Männer von Enns und Traun, fehlte noch.

Westlich der Chaussee und nördlich der größeren Häusergruppe dehnte sich der bedeutende Sankelmarker See, tausend Schritt weiter vom Dorfkrug der Tränsee. Ein Flüßchen, die Treene, bewässerte Wiesen vorm Orte und verlief in Moorboden, zu welchem ein steiler Höhenzug als Uferbord sich nördlich von Oeversee niedersenkte. Den Thalkessel des Sankelmarker Seegrunds kränzte auf der Nordseite ein Wald, hochstämmig und im Sommer belaubt, jetzt ebenso winterlich kahl wie einige unbewachsene Höhen längs der Chausseeniederung, wo viele Knicks dem Verteidiger Deckung boten. Hinterm Sankelmarker Wald lag noch an der Chaussee eine Ortschaft Billschau.

Brigaden Wilster und Wörishöffer befanden sich schon fern, Müller mußte sich auf seine Dreitausend mit einer Halbbatterie verlassen, indes Brigade Nostitz Fünftausend mit acht Kanonen hatte. Kopenhagener Bataillon Sted stand am Sankelmarksee, Bataillon Thalbitzer in drei Linien auf der andern Chausseeseite. Dahinter elftes Regiment in Bataillonskolonnen am Südrand der Sankelmarkkuppe.

Oeversee selbst erwies sich unbesetzt, infolgedessen Gablenz persönlich die Brigadebatterie auf die nächsten Höhen vorführen konnte. Die ausgezeichnete Beschaffenheit der k. k. Artillerie be-

währte sich wieder glänzend, die dänische mußte bis Billschauer Krug das Weite suchen. Kapitän Hansen der Vorhutkompagnie fiel, seinen Adjutanten Baron Holmfeld warf Granatsplitter um. Sogar elftes Regiment im zweiten Treffen litt. Als aber nach halbdrei Uhr nachmittags Oberst Herzog Wilhelm v. Württemberg zur Auskundung vorsprengte, sah er die Schneehügel nördlich von Oeversee mit dunkeln Linien hintereinander besprenkelt. „Sie stehen in Etagen!“ murmelte Adjutant Guggenberger.

„Befehlen Oberst, daß wir in Kolonne stehenbleiben unter solchem Granatfeuer?“ war Major Rist an Oberst Müller herangesprengt und dieser befahl Entwickelung. Gleichzeitig sausten anfangs ununterbrochen dänische Granaten. Eine stattliche Schützenlinie vor der Front, sah man die siebente dänische Brigade Müller mit ihrer Feldbatterie in zwei Treffen, ihre Rechte an See und Wald von Sankelmark gelehnt. Doch nur dritte Brigade der Division Gerlach (sechzehntes, siebzehntes Regiment) konnte möglichenfalls weit dahinter als Rückhalt dienen. Auch die achte Brigade (neunzehntes, einundzwanzigstes Regiment) blieb noch etwas in der Nähe, während die dänische Hauptmacht durch Flensburg debouchierte. Zuvörderst fingen also erstes und elftes Regiment, letzteres im Vordertreffen, den kecken Stoß der Österreicher auf.

Sobald das neunte Jägerbataillon sich anlangend dem fürstlichen Oberst zur Verfügung stellte, veranlagte dieser doppelten Angriff teils auf der Chaussee, teils westlich davon über den Friedhof. Die tapfern Offiziere zogen den Degen, man blies zum Sturme, mit gefälltem Gewehr stürzten die Jäger vor. Bald schien an Haufen von fallenden Vordermännern der Anlauf sich zu brechen. Von den Kompagniehauptleuten sanken zwei schwergetroffen, Hermany und Schmigoz, ein dritter starb, La Motte, mit ihm Leutnant Herold. Doch mit unübertrefflicher Todesverachtung blieben die Jäger, deren als Rückhalt folgendes Drittel sofort nachfüllte, ohne Stocken im Anlauf und schleuderten zwei Kopenhagener Kompagnien (nicht das dänische neunte Regiment, wie österreichische Quellen prahlen!) in den Wald zurück. Hier entstand furchtbares Handgemenge. Da auch andere dänische Abteilungen eingriffen, brachte die Übermacht — freilich durchaus keine „achtfache“, wie nachher österreichische Historie drolligerweise angab! — das Bataillon in große Bedrängnis. Im verzweifelten Waldkampf färbte mancher Sohn des Hochlands den nordischen Schnee mit seinem Blute. Oberleutnant v. Laime taumelte unter Kolbenschlag zu Boden. Doch die Tapfern ließen nicht nach, selbst Schwerver=

wundete wie Führer Czerny, durch beide Hüften geschossen, fochten wenigstens moralisch weiter, durch lauten Zuruf anspornend: „Ausharren! Gebt nicht nach! Die Belgier kommen gleich!" Hornist Korb setzte das Instrument fast nie vom Munde ab, unablässig das Signal zur Attacke herausschmetternd. Durch seltene Entschlossenheit machte sich Jäger Wagner bemerkbar.

Beinahe drohten die Süddeutschen zu erliegen, als brausendes Hurrah von der Straße erscholl und es ermunternd durch die wankenden Reihen ging: „Die Belgier sind da! Nun unser der Sieg!"

Das schwarzgelbe Banner des Steirer Regiments flatterte dicht neben dem heldenhaften Kommandeur, als er die Seinen unaufhaltsam vorwärtsführte: „Drauf, Kinder! Es lebe der Kaiser!"

Mit Kolben und Bajonett, wie schon vorher die Jäger kaum Patronen gebrauchen konnten, da überall die feuchten Gewehre versagten, durchbrachen die Steiermärker des Feindes Reihen. Wohl zuckten dessen Schüsse ununterbrochen hinter Knicks und Steinwällen hervor, Oberstleutnant Illeschütz stürzte blutend zusammen, doch unaufhaltsam trieb das erste Bataillon den Gegner über alle Hügel und durch alle Schneelöcher hindurch, obschon man manchmal bis zum Gürtel im Schnee waten mußte. Oberst Müller, auf kleiner Anhöhe haltend, sah die Kopenhagener wanken und gab an Major Rist das Angriffszeichen. Als von den Höhen östlich der Straße Teile des elften Regiments (nicht Teile der achten frischen Brigade, wie die Österreicher ruhmredig behaupten) das Bataillon in der Flanke und sogar im Rücken fassen wollte, warf sich ihnen die als Reserve folgende sechste Kompagnie entgegen, bei welcher sich das eigenste Palladium dieser Steirer, die weiße Leibfahne mit Kaiseradler und Muttergottesbild, befand. Hauptmann Castella stürmte mitten in den Feind. Als ein Schuß aus nächster Nähe ihn niederwarf, deckte ihn Soldat Huber mit dem eigenen Leibe und Oberleutnant Graf St. Julien erschlug zur Rache den dänischen Bataillonschef. Die kleine Heldenschar pflanzte schon auf genommener Höhe ihr Feldzeichen auf und dies gab gleichsam das Signal zu allgemeinem Siegesdrang.

Ein letztes grimmes Ringen und der Sankelmarker Wald war erobert, die Dänen auf Bilschau verdrängt, wo ein schmaler Höhenraum sie unbehilflich einzwängte. Divisionär Steinmann selbst, ein geschniegelter eleganter Herr mit feingebürsteter Frisur und intelligentem überlegenem Gesichtsausdruck, erhielt einen Streifschuß, blieb aber im Sattel. Auch Gablenz ward von Kugel gestreift, die sich auf seinem Degengehenk abplattete.

Furchtlos stießen die Belgier nach, doch schwer wuchsen ihre Verluste. Die erste Kompagnie hatte keine Offiziere mehr, vom Bataillonsadjutanten Unterleutnant Höpler weitergeführt, zu Fuß, weil ihm sein Pferd totgeschossen. Ein Kolbenhieb traf ihn am Kopf, ein Stich in den Unterleib, doch mit rührender Hingebung schleppte er sich weiter neben der Truppe. Nicht mindere Beispiele von Heldenmut boten die Gemeinen. Soldat Lackner blutete aus Streifschuß am Kopf, Schüsse in Unterleib und Arm, doch lehnte alle Mahnung des Zugführers ab, den Verbandplatz aufzusuchen, bis zum Schluß im Gefecht beharrend. Soldaten Banofsky und Lammer krochen verwundet weiter, und als sie nach kurzer Strecke liegen bleiben mußten, ermunterten sie das nachrückende zweite Bataillon Belgier durch kampfstolze Gebärden und Rufe. Schon fielen die Hauptleute Hofmann und Entner, Oberleutnant Baron Prokesch-Osten, Unterleutnants Barmann, Haydegg, Schwarz, Rehn.

Jetzt erst zog der dänische Brigadekommandeur Oberst Müller sein ganzes zweites Treffen vor und unternahm kraftvollen Gegenstoß. Mit Wut drangen seine Kopenhagener, bei denen sich vom Unteroffizier aufgediente Veteranen wie Kompagniechef Riebau und Reservisten wie Kriegshistoriker Sörensen bemerkbar machten, nochmals bogenförmig auf die von Kompagnie Castella gewonnene Höhe, sie allseits umfassend. Gleichzeitig stürzte sich das bei Bilschauer Krug eingerückte Regiment Nr. Elf in den Sankelmarker Wald. Die fast mürben beiden Bataillone, Jäger und erstes Belgier, wankten, als zweites Belgier unter Major Baron Haugwitz in drei Kolonnen vorbrach. Die eine zur Linken erhielt sogleich starkes Feuer, ihr Führer Hauptmann Hochhauser fiel, doch Hauptmann Sommer führte die keinen Augenblick stutzende Abteilung rücksichtslos ins Waldgefecht. Zur Rechten drang die zweite Sturmsäule gegen den flach unbewachsenen Höhenzug östlich der Straße. Kaum erhielt Hauptmann Eder vom tapfer überall umherreitenden und antreibenden Regimentsadjutanten Guggenberger den Befehl zum Vorgehen, als er mit solcher Heftigkeit draufging, daß er dem feindlichen Vorstoß überraschend begegnete. Die Kopenhagener wichen bis zu einer nördlicheren Geländewelle und überschütteten von hier die Österreicher mit so wirksamem Kugelhagel, daß Eder einsah: „Besser drauf, als hier fruchtlos leiden!"

Trommler schlugen erneut zum Sturme, Guggenberger begleitete freiwillig den Anlauf mit lustigen Sprüngen seines Rößleins. Auch hier Thaten und Proben ergreifenden Opfermuts. Kadettfeldwebel Schaffer, obschon zweimal verwundet, blieb an der Spitze, die Leutnants Alesch und Withalm, Kadettfeldwebel Pilz und Schüßler gaben allen vorauf ein Beispiel. Führer Ertl, aus Wunde blutend, schied erst nach zweiter schwerer Verwundung vom Kampfplatz. Gefreiter Josef Kügerl, der seinen Bruder und Feldwebel Franz schwergetroffen stürzen sah, rannte mit thränenvollen Augen im Sturme weiter, ohne sich umzuwenden. Als die hinter der Mitte folgende dritte Kolonne in die Lücke zwischen der linken und rechten einschwenkte, entschied sich der schwankende Kampf. Auch diese Reservekolonne litt gleich schwer, ihr Führer Hauptmann Sabatowicz, sowie Hauptmann v. Froschauer und Leutnant Baron Wimpffen erhielten schwere Wunden. Dem fürstlichen Regimentschef lag sein Streitroß tot am Boden, doch zu Fuß kommandierte er weiter. Endgültig wich nun der Feind aus Wald und Höhe auf Bilschau. Major Rist lag schwergetroffen darnieder, Kompagniechef Varberg fiel verblutend mitten unter Österreichern. Kapitän Stricker führte das Elfte nach Bilschau rückwärts. Wollte man die eroberte Stellung halten, mußte auch dieser Ort gestürmt werden. Denn aus den Häusern erreichte verheerendes Feuer den Waldsaum, die kahlen Äste abreißend und umherwirbelnd. Auf der frostglatten Chaussee schlugen die Kugeln auf wie Knallerbsen, daß Eis- und Schneeschollen entlangspritzten.

An Ginster und Nadelholz klebte frischgefallener Schnee. Bald kollerten hier Tschakos mit dem kupfernen Doppeladler und gelbem Rand, Patrontaschen, Tornister, Gewehre an Knicks und Schneegruben. Reihenweise lagen sie da, die stattlichen Steiermärker des Regiments König der Belgier, die Männer vom grünen Strand der Murg, in weißen Röcken und lichtblauen Hosen, darüber lange, hechtgraue Überröcke, dazwischen braune ihrer Offiziere mit goldenen Schärpen und Bandelieren. Am langen Knick vorm Sankelmarksee standen und fielen die Kopenhagener Kinder vom ersten Dänenregiment wie alte Normannen- und Seekönigssöhne. Auch die Fünen vom elften Regiment schlugen sich herzhaft. Wo den Steiermärkern die naßgewordenen Gewehre versagten, griffen sie zum Kolben. Sie selber fielen erschossen, fast sämtlich durch den Kopf getroffen, südlich des Knicks, aber nördlich erlagen die Kopenhagener massenweise den Kolbenschlägen. Dem Leutnant Rathler prallte dänische Kugel von dänischem Reichsthaler ab, den er in der Tasche trug. Diesen Rettungsthaler trug er seitdem als Talisman auf der Brust. Doch dänische Kugel sollte ihn, den abtrünnigen geborenen Schleswig-Holsteiner, rachsüchtig treffen: sie gab ihm nachher in Jütland den Tod.

Herzog Wilhelm beschloß, seine Rechte auf den genommenen Höhen zu versagen und mit der Linken vorzustoßen. Gesagt gethan. Den Säbel hoch, eilte der tapfere Württemberger zu Fuß den Seinen vorauf, schon fielen dicht neben ihm Leutnant Höpler und ein Hornist, als er auf einmal erbleichend stehenblieb. Den wankend auf seinen Säbel sich Stützenden faßte der vom Pferde springende Guggenberger um den Leib und schleifte ihn hinter eine Grabenböschung, wo der Schwerverletzte, große Zehe des linken Fußes zerschmettert, in wohlthätige Ohnmacht sank.

Und wie ein weit als Auskundungspatrouille vorgeschobener dänischer Posten sich ihn aufs Korn genommen hatte, so brachte ihn jetzt ein liegengebliebener schier verröchelnder Danske erneut in Lebensgefahr. Finster und tückisch hob sich der Rachsüchtige mit verzweifelter Anstrengung empor, richtete seine Flinte, auf drei Schritt Entfernung sauste das mit zitternder Hand schlechtgezielte Geschoß am bewußtlosen Obersten und dem Adjutanten vorbei, während der verendende Däne selber zurücksank. Jetzt sprang Führer Valenzi der ersten Kompagnie hinzu, dem wieder zu Bewußtsein kommenden Herzog den nötigen Liebesdienst des Transports zum Verbandsplatz zu leisten. „Häuser dort unten nehmen, sich dann ralliieren," stammelte er seinen letzten Befehl an den treuen Regimentsadjutanten. Dieser besorgte alles pünktlich, begnügte sich nicht mit Befehlsüberbringen, sondern führte selber Kompagnien zum Sturme auf Bilschau, das nun gleichfalls fiel. Mehrere Danebrogs trug man jauchzend als Siegeszeichen heim.

Der Abend dämmerte herein, unheimlicher Winterabend. Um fünf Uhr sammelte Regimentschef Oberst Beck die Kopenhagener, in deren Reihen auch der bekannte Autor Paludan-Müller als Reservist fiel, nördlich vom Haidekrug. Vom linken Flügel der Dänen zogen Teile der dritten Brigade heran, den Ort zurückzunehmen. Der selbst blutende General Steinmann hielt dies zur Rettung seiner Division für nötig. Denn die Nachhut sah sich jetzt von der Chaussee und Flensburg abgedrängt, so daß ein Teil auf Nebenwegen die Küste erreichen mußte und sich dort einschiffte. Oberst Müller selbst hielt sich bei dreihundert Versprengten beider Regimenter auf. Nur ein Bataillon siebzehnten Regiments erreichte indessen die Walstatt, es blieb bei bloßer Drohung. Vier Offiziere hundertfünfundzwanzig Gemeine streckten die Waffen noch zuletzt, außerdem brachte man die liegenbleibenden Verwundeten gefangen ein. Als das schwarzkragige Regiment Hessen der ‚schwarzgelben‘ Brigade Nostitz neben den Gelbkragen der Belgier jetzt gleichfalls erschien, standen die Dänen von weiterer Gegenwehr ab und retteten sich bei Nacht auf Flensburg. Verfolgung schloß sich von selber infolge völliger Erschöpfung und tiefer stockfinsterer Dunkelheit aus. Als Leutnant Abrahams (Justizrat, Reserveoffizier) seitens Oberst Müller bei General Nostitz wegen Beerdigung der Toten anfragte, machte jener ihm große Komplimente: „Wir standen schon Franzosen und Italiener gegenüber, doch erlebten noch nie solchen Tag. Ich bewundere eure Tapferkeit.“

Sehr übertrieben, da doch fünfhundertvierzig Dänen sich unverwundet gefangen gaben.

Unter den Sterbenden schritt Regimentskaplan Bancalari mit geistlichem Trotz umher, mit den Verwundeten beschäftigten sich Regimentsarzt Köstler, Oberarzt Schabeck, Oberwundarzt Fuchs und Unterarzt Schmidt. Letzterer opferte sich besonders auf. Die eigentliche Sanitätsabteilung hatte dem rastlosen Vorwärts nicht folgen können. Neun Offiziere, hundertsechzig Mann kostete den Feldjägern, zwanzig Offiziere, zweihundertdreißig Mann tot und verwundet den Belgiern der blutige Tag. Auch Regiment Hessen verlor vierunddreißig Mann. Im Ganzen elf Offiziere hundertelf

Mann tot und vermißt, zweihundertzweiundneunzig Mann nebst achtzehn Offizieren verwundet. Doch erreichte der Gesamtverlust, Liechtenstein-Husaren inbegriffen, die auch einen Offizier verloren, noch nicht den bei Oberselk. Die Dänen büßten angeblich achtzehn Offiziere neunhundertfünfundvierzig Mann ein, unverwundet Gefangene inbegriffen; in Wahrheit noch nicht siebenhundert.

Die folgende Nacht auf der Walstatt brachte neue Schrecken durch schneidende Kälte und endlos heulenden Nordwind, der rauhsten Frost verbreitete und manchen Verwundeten in molligen Schneehaufen erstarrend begrub. Noch am dreizehnten Februar, als Regiment Belgier, bei welchem der kernige warmherzige Major v. Haugwitz das Kommando übernahm, die frischen Grabhügel des Schlachtfelds am Sankelmarker See besuchte und dort Grundlegung eines Denkmals ordnete, sah man den Schnee von Blut gerötet. Die Überlebenden sandten hier ihren toten Brüdern den letzten Gruß militärischer Ehren. ‚Zum Gebet gestellt!‘ So gedachten sie ihres Sieges unter feierlicher Musik der Regimentskapelle.

Körners ‚Vater, ich rufe dich‘ erinnerte herzbeweglich diese echten reinblütigen Deutschen, daß Österreichs Krieger schon einmal gemeinsam mit Preußen auf Leipzigs Gefilde für großdeutsche Sache geblutet. Und als das weiche Gemüt dieser Süddeutschen sich in Thränen und Schluchzen der Trauer um die Gefallenen entlud, mahnten neu emporrauschend die Töne des alten ‚Gott erhalte Franz den Kaiser‘ an Aspern, wo zum erstenmal auf Österreichs Schlachtfeldern dieser Volksgesang erscholl und wo gleichfalls Habsburgs tapferes Heer für Deutschlands Befreiung sich hingab.

‚Präsentiert das Gewehr!‘ Unter dem herzigen Älplermarsch ‚Hoch vom Dachstein‘ schritten die blonden Söhne der altdeutschen steirischen Südmark mit neuem Mute aus, als wären sie sicher, daß ihre Fahne die Geister der deutschen Genossen, die bei Aspern, Raab, Sacile, Leipzig, Oeversee als Helden starben, fortan im Schlachtgewühl siegspendend umschweben.

... Die Österreicher, die jetzt mit Brigaden Nostitz, Gondrecourt, Dobrzensky rechts und Brigaden Dormus und Tomas unter F. M. L. Graf Neipperg links Jütland betraten, hatten am achten März noch hitziges Gefecht bei Veile. General Hegermann-Lindencrone suchte die Gegend zwischen Kolding und Fridericia mit zwei Reiterbrigaden und wenig Fußvolk zu verteidigen.

Voraufgeschickte Vedette, fünfzehn Windischgrätzdragoner, unter Oberleutnant Graf Czernin, welche Graf Üxküll als Generalstabshauptmann zur Aufklärung benutzen sollte, sah sich an einer Höhe von einem dänischen Dragonertrupp vormittags überfallen. Bald gesellte sich noch ein anderer Trupp hinzu und umwickelte das Häuflein. Czernin sank unter neun Hieben, Üxküll erhielt von zwei feindlichen Reitern mehrere Schwertstreiche auf den Kopf, wo sein lichtgrüner wallender Federbusch, Abzeichen seiner Generalstabswürde, als Siegespreis anlockte. Die Zügel seines Renners durchhauend, raubten die Feinde ihm die Fähigkeit, sein Tier zu lenken. Doch es folgte verständig zwei Windischgrätzern, die alle gegen Üxküll gerichteten Hiebe auffingen und ihn aus der Umschlingung herausrissen. Sich selbst befreiend, schlug die kleine Schar, nur sechs noch unverwundet und heil, sich durch. Hatte sie wirklich, wie österreichische Berichte angeben, vierfache Übermacht gegen sich und fügte dieser sogar größeren Verlust von dreizehn Verwundeten zu, so würde dies wahrlich beträchtliche Überlegenheit des österreichischen Kavalleristen in Kraft, Kühnheit, Gewandtheit bei Handhabung von Roß und Waffe bekunden. Doch die Dänen sagen, dies sei alles gelogen, da nur fünfundzwanzig dänische Dragoner unter einem Reserveleutnant fochten und nur einen Verwundeten verloren. Die gleichartigen kahlen Kammhelme ohne Wollraupe, welche dänische wie kaiserliche Dragoner trugen, sahen einander freilich im Feldzug nur selten gegenüber.

Erst um drei Uhr nachmittags fand Brigade Nostitz, seit drei Uhr früh auf beschwerlichem Gelände marschierend, ihre alten Gegner von Selk und Oeversee, die siebente Brigade Müller, bei Veile wieder, doch nur zehn Kompagnien davon anwesend. Je eine Rohr- und Raketenbatterie eröffneten gegen die k. k. Brigadebatterie und Regiment Hessen den Feuerkampf. Doch die Steinbrücke am Südeingang von Veile und dann das Städtchen selbst erobernd, nährte die ‚schwarzgelbe‘ Brigade, diesmal vollzählig, sodann ein stehendes Gefecht so lange, bis Gablenz’ Korpsgeschützreserve die dänische Geschützlinie zum Schweigen brachte und unter dem feindlichen Fußvolk etwas aufräumte. Da nun um halbsechs

Uhr auch die ‚eiserne‘ Brigade Gondrecourt mit ihren Jägern und erstem Bataillon Martini eine Umfassung vorbereitete, nahm Regiment Hessen das Dörfchen Klein-Grundet weg und Regiment Belgier vertrieb den Feind von einer Waldhöhe. Kapitän Axel Staggemeyer blieb verwundet liegen und entließ seine Mannschaft: „Sorgt für euch selber, Leute!“ Er und Leutnant Schaal von der Kopenhagener Stadtmiliz wurden gefangen. Oberst Müller entwich im Dunkel mit angeblichem Verlust von drei- bis vierhundert Mann, wovon die Hälfte gefangen. So phantasieren die Österreicher, doch verlor er in Wahrheit nur hundertachtzig Köpfe, wovon fast hundertfünfzig unverwundet gefangen oder desertiert. Die Österreicher büßten nur acht Offiziere vierundachtzig Mann ein.

Es läßt sich also nicht verkennen, daß sie, obschon nicht mit besserem Gewehr wie die Preußen gesegnet, nicht minder als jene den Feind ihr soldatisches Übergewicht spüren ließen. Am neunundzwanzigsten April rückten sie mit klingendem Spiel und wehenden Fahnen in die geräumte Festung Fridericia ein, von wo die Dänen mit Hinterlassung von zweihundertsechs schweren Geschützen nach Insel Fünen retirierten. Als hier am neunten Mai die Werke geschleift wurden, mochte das von Gablenz ritterlich geschonte dänische Sigesdenkmal ‚der tappere Landsoldat‘, eine stehende Monumentalfigur mit der Miniébüchse in der Hand, traurig vom Sockel herabschauen und dem selbstbewußten Inselvölkchen zu Gemüte führen, daß sein glückliches Widerstehen in früherer Zeit nur unserer deutschen Schmach uneiniger Zerrissenheit zu verdanken sei, daß aber heut der deutsche Riese zornmutig aus seinem langen Bärenschlaf erwachte.

Selbst den Meeresstolz des Inselreichs demütigte der prächtige Kapitän Tegetthoff, der spätere unsterbliche Sieger von Lissa, im Seetreffen von Helgoland. Die Fregatten ‚Niels Juel‘, ‚Jylland‘ und Korvette ‚Heimdahl‘ des Linienschiffskapitäns Sumson mußten am vierten Mai nachmittags empfindlich spüren, daß Tegetthoff seinen Schraubenfregatten ‚Schwarzenberg‘, ‚Radetzky‘ und den kleinen preußischen Kanonenboten ‚Adler‘, ‚Blitz‘, ‚Basilisk‘ die Losung signalisierte: „Unsere Armeen erfochten Siege, thun wir das Gleiche!“ Zwar geriet die ‚Schwarzenberg‘ wiederholt in Brand, da Granaten an Bordwand, Banjerdeck und im Bauch des Vormarssegels explodierten und im geteerten Takelwerk das

Feuer um sich fraß. Doch dafür durfte nach noch nicht dreistündigem Kampf das Signal ‚Feuer einstellen!‘ verkünden, daß die dänische Escadre, obschon um achtzehn Geschütze stärker, nach Nordost drehte und entfloh.

Aber nun genug von Hilfe der Kaiserlichen. Dieser Schlachtruf ‚Hoch der Kaiser!‘, der bei Oeversee zum letztenmal über nordische Walstatt tönte, schnitt manchem preußischen Einjährigen ins Herz, der als Schüler sang: Was ist des Deutschen Vaterland? und vielleicht als Turner oder Student schwarzrotgoldene Binde trug in Erwartung des wahren, des alldeutschen Kaisers. Eifersüchtig drängten nun Männer der Mark und von Münster, Wesel, Minden näher heran, um zu erproben, ob so hoch im Norden nicht auch ein Lorbeer wachse.

— — — — — — — — — — — — — —

Sechsundzwanzig dänische Bataillone wahrten die Düppelstellung, nicht in ihrer Vollstärke von je tausend Mann, doch durch Ersatznachschub wiederholt verstärkt, so daß sie wahrscheinlich dreiundzwanzigtausend Streiter zählten. Dreiundzwanzig preußische Bataillone von geringer Stärke, etwa sechzehntausend, umschlossen in weitem Bogen diese schier unbezwingliche Veste des Sundewitt.

Den heimlichen Abzug vom Danewerk hatte Goebens Gewaltmarsch mit Fünfundfünfzigern nicht einholen können. „Det kann keen Minsch utholen! Es is to veel!“ murrten die Westfalen. „Warum bleiben Fünfzehner so weit zurück?“ tadelte General Goeben umsonst, dies Fußvolk hatte den stockenden Geschützen aushelfen müssen, deren Pferde auf der glatten Eisfläche nicht fortwollten. Doch der Rückzug drückte auch die Stimmung der Dänen, die zwar an Mut, nicht aber an Gewandtheit den Preußen gewachsen.

Alle Vorpostenscharmützel, wie Goeben und sein Kollege Schmid von der Münsterländer Brigade, ein weiland Holsteiner Offizier, sie täglich den Dänen lieferten, überzeugten von der fabelhaften Überlegenheit des preußischen Soldaten. Immer mehr nahm das Gefangenwerden bei den Dänen zu, riß das kampflos sich Ergeben ein, je geläufiger sich das rasch angelernte Dänisch von westfälischen Lippen sprudelte: „Kaste Vaabene bort, aller I skal don (werft's Gewehr fort oder ihr seid tot)!“ Die Offiziere spornten edeln Wetteifer durch persönliche Auszeichnungen an.

„Solchen Ehrensold darf man nicht ausschlagen!“ nahm Einjähriger Hillenkamp ein Geldgeschenk an, das ihm und drei Münsterländer Musketieren ihr Divisionsgeneral überreichte. Noch machte sich seltsamerweise nicht so recht bemerkbar, was das Zündnadelgewehr bedeute. Den Unterschied von Hinter- und Vorderlader legte eigentlich erst ein späterer größerer Feldzug dar. Hier dürfte wohl die meist gedeckte Aufstellung der Dänen mitgesprochen haben, doch überwog ihr Verlust allemal erschreckend. Dagegen erregten später die gezogenen Geschütze, besonders der Gammelmarker Batterien allgemeines Aufsehen, auch bei ausländischen Berichterstattern. Auf der südlichen Halbinsel Broacker angelegt, in südwestlicher Flanke der Düppeler Schanzen, aber durch den ganzen Meerbusen des Wenningbund davon getrennt, reichten diese schlanken Rohre nicht nur dorthin, sondern sogar weit östlich bis Sonderburg, wo eine Kugel das Schloß, eine andere das Rathaus traf.

Am achtzehnten Februar verlor das siebzehnte dänische Regiment außer zwei Offizieren fünfzig Toten und Verwundeten durch Überfall an der Büffelkoppel schon dreizehn südschleswiger Deserteure, was sehr bedeutungsvoll. Denn die Südschleswiger, von den dänischen Fremdherren deshalb als treulos gescholten, hatten keine Lust, für dänische Unterdrücker zu streiten. Mißlich war, daß auch das Seeländer achtzehnte Regiment dreihundert Südschleswiger in sich hatte, das auf Vorposten lag und am zwanzigsten, wo kurzer Vorstoß Goebens die Ravenskoppel wegnahm, sowie am zweiundzwanzigsten Februar gleichfalls überfallen wurde. Leutnant Bruun fiel, den Leutnant Helms schleppte man gefangen fort, die Preußen jagten die Seeländer bis über Nyböl-Mühle zurück, deren Regimentschef Oberstleutnant Hirsch nun bis Düppel-Mühle auswich. Sechs Offiziere, über hundertachtzig Mann gingen auch diesem Regiment verloren, wovon zwei Drittel verwundet Gefangene, meist schleswigsche Deserteure. Vor den Schanzen kam jedoch der Anprall bald zum Stehen, General Goebens Pferd brach blutend nieder. Das dänische zweiundzwanzigste Regiment, über Schanze Sechs vorbrechend, verlor nur neunzehn Gefangene, dagegen dreiundachtzig Tode und Verwundete. Da auch Brigade Lasson aus den Schanzen ins Gefecht ging, verloren die Dänen heut im Ganzen zehn Offiziere dreihundertsiebzig

Mann, indes die Preußen (hauptsächlich Fünfundfünfziger, Vierundsechziger) nur vier Offiziere dreiunddreißig Mann einbüßten.

Alle diese Gefechte, bei welchen auch das gefürchtete Panzerschiff Rolf Krake erfolglos seine Visitenkarte abgab und mehr blinden Lärm als Schaden verursachte, dienten nur zur Auskundung, so daß die eroberten Punkte stets wieder geräumt und die Dänen im Besitz der vorgeschobenen Posten Büffelkoppel-Rackebüll belassen wurden. Mittlerweile vertrieb Gardedivision v. d. Mülbe die Dänen aus Kolding, wo General Wilster, ein kleiner Mann mit melancholisch ernstem Gesicht, zu dem aber alle Untergebenen respektvoll aufschauten wegen seiner idealen opferwilligen Vaterlandsliebe, an Stelle des verwundeten General Steinmann einigen Widerstand leistete. Am achten März kam es vor Fridericia zu einem erheblichen Gefecht, das der Garde nur zwei Offiziere fünfzehn Mann kostete, indes Kapitän Daun vom zwanzigsten dänischen Regiment nebst drei Leutnants und hundertachtzig Mann gefangen und General Wilster selbst verwundet wurde. Im Ganzen betrug der Verlust zweihundert Mann. General Lunding, Kommandeur von Fridericia, verfügte über achte, neunte Brigade und dreizehntes Regiment. Die Österreicher übernahmen jetzt die Einschließung, Ende März stand die Garde wieder vor Düppel.

Am fünfzehnten März begann bereits das Bombardement gegen Schanzen Eins und Zwei, das zuerst einen Leutnant Voldby vom achtzehnten Regiment zermalmte, später dem siebzehnten mit seinem kaltblütigen Oberst Bernstorff, sowie den Schanzkanonieren schwere Verluste zufügte, die jedoch mit rühmlichster Todesverachtung auf ihrem Posten verharrten. „Alle Mann an die Kanonen!" rief Leutnant Ancker in Schanze Zwei und hielt sich so gut, daß der preußische Artilleriekommandeur lobte: „Der Führer drüben muß ein tüchtiger Mann sein!" Eine Vorpostenüberrumpelung brachte noch einen tapfern Reserveoffizier dritten Regiments in Gefangenschaft. Am siebzehnten März wich das vierte dänische Regiment unter ansehnlichem Verlust, wobei Bataillonschef Baudiz tot, vor Goebens derbem Draufgehen aus Rackebüll. Oberst Bülow unternahm zwar noch mit viertem und fünftem einen Vorstoß, den jedoch Oberstleutnant v. d. Goltz und Major Rex, zwei später bekannte Generale, abwiesen. Am gleichen Tage rang Brandenburger Brigade Roeder dem siebenten dänischen Regiment Kirch-Düppel ab, wo Leutnant Munk mit seinen Danskes Kirche und Kirchhof brav verteidigte. Ein Gegenangriff des dänischen Generals du Plat mit fünftem, siebentem, achtem Regiment scheiterte trotz rühmlicher Bravour vor Oster-Düppel am Schnellfeuer der Hinterlader. Oberst Hveberg des achten Regiments blieb auf dem Platze. Bei Kirch-Düppel versuchte Bataillonschef Wegede mit drei Kompagnien vierten Regiments das Blatt zu wenden, fiel aber zum Krüppel geschossen in Gefangenschaft, sämtliche Offiziere fielen. Mit Ehren begrub man Blondköpfe der Insel Fünen auf dem Kirchhof. Die Vierundsechziger vorauf, warfen die Brandenburger alles über den Haufen in die Schanzen hinein.

Seit dieser Stunde, berichteten nachher dänische Offiziere, sank ihnen Hoffnung auf glücklichen Ausgang. Später kam es gar schon vor, daß Mannschaften der sich wechselnd ablösenden sieben Brigaden, von denen immer drei jenseits auf Alsen lagerten, sich murrend weigerten, über die Schiffbrücke von der Insel nach den Schanzen zurückzukehren. Denn nun hob im April die betäubende Belagerungskanonade an, die das Schanzrevier zu Schlachtbank und Blutloch machte.

Als Leibregiment und Achtzehner der Brigade Raven zum Einschließungsheer stießen, hatten die ursprünglich zu ihr gehörigen Achtundvierziger schon eine kühne Waffenthat hinter sich, Vorspiel einer späteren berühmten Inseleroberung. In der Nacht zum fünfzehnten März brachte Kompagnie Mellenthin durch verwegenen Handstreich die kleine Insel Fehmarn in preußische Hände, obschon die Wogen so hoch gingen, daß die Boote von drei hier ankernden dänischen Kanonenbooten sich nicht herauswagten. Mit Brigade Raven stieg die preußische Zahl auf zweiunddreißig Bataillone und verbot jetzt jeden Ausfall der Dänen aus ihren Schanzen. Und nun langten auch noch neun Gardebataillone an. Daß die Dänen nicht unter etwaiger Heranziehung von zwei Brigaden aus Jütland einen Durchbruch im März versuchten, wo ihre Übermacht schwerlich aufzuhalten war, erklärt sich wohl nur durch ihr Angstgefühl vor dem Hinterlader in freiem Felde und ihrer allgemeinen Scheu vor dem taktischen Übergewicht der Preußen.

An Bravheit fehlte es den Dänen gewiß nicht, ihre Freiwilligen wie der langbärtige Baron Rosenkrantz gaben dem Gemeinen ein Beispiel, doch taktische Überlegenheit der Preußen war zu groß. Kostete ihnen das glorreiche Gefecht von Rackebüll doch nur fünfzehn Offiziere hundertdreiundzwanzig Mann, den Dänen nach eigener Angabe elf Offiziere sechshundertsechsunddreißig Mann, wovon nur zweihundertsiebzig Gefangene. Von letzteren verlor am meisten siebentes, von Toten und Verwundeten fünftes Regiment. (Frühere Verlustangabe etwas zu hoch.)

Am achtundzwanzigsten März, dem zweiten Osterfeiertag, brach das Leibregiment die Gelegenheit vom Zaun, seinen alten Ruhm aufzufrischen. Unter dem Yorkschen Erkennungsruf ‚Heurich‘ überfiel es die Feldwachen und jagte sie bis an die Schanzen der dänischen Linken, deren Signale aber das zweite, sechste, zehnte, zweiundzwanzigste Regiment unters Gewehr riefen und deren Kartätschen den Anprall blutig bestraften: Oberstleutnant Greiffenberg schwerverwundet, Premierleutnant v. Eckardstein getötet, vier andere Offiziere verwundet. Weiter rechts mußten die Posener Achtzehner aus der Schlucht am Winnigbund zurückgehen, weil Rolf Krake vor der Strandöffnung auftauchte. Drei Leutnants vom Leibregiment und einige Mannschaften, auch der Posener, fielen in Feindeshand. Diesmal traf der Stoß die Brigade Lasson, die in der Mitte sich ausdehnte. Ihres zweiten Regiments Bataillonschef Roos sank getroffen. Beim weiter rechts stehenden zehnten Regiment gab es so starkes Gefecht, daß auch zwei englische Schlachtenbummler, Sir W. Hall und Sir A. Herbert, sich zur Ambulanze trollen mußten. Die Dänen verloren acht Offiziere hundertneunzig Mann, wobei nur vierzig Gefangene; die Deutschen zwölf Offiziere zweihundert Mann. So gering war der Unterschied beiderseitigen Verlustes noch nie gewesen. Doch eigentlichen Zweck, die erste Parallele der Belagerungslaufgräben vorzuschieben und auszuheben, erzielte man glücklich, grub sich mit Spaten, Säbeln, Händen ein. Zuversicht und Humor versiegten noch lange nicht. „Hätten den Schanz gekriegt, wenn Kahn verfluchter nicht gewesen!“ schimpfte ein biederer Polacke auf Rolf Krake. „Na, die Danskes kochen Ostereier hart!“ lachten die vom Leibregiment, als die bekannten dänischen Granatpfunde, an bayerische Maßkrüge erinnernd, durch die Luft flogen. „Nu kommen ooch noch die Seidel!“

... Um diese Zeit machte das in Berlin ausgeheckte sogenannte ‚Bellegarder Projekt‘ viel von sich reden, nämlich der Plan, mit Pontons und Kielbooten vom nordwestlichen Ufer nach Alsen überzusetzen. Doch Wind und Wetter stellten sich dem Unternehmen entgegen, auch wachten in der Alsener Stegwigbucht drei Kanonenboote und Kriegsdampfer ‚Hekla‘, ferner Panzerdampfboot ‚Absalon‘ an der Augustenburger Föhrde. Einen artilleristischen Scheinangriff, den man zur Deckung der beabsichtigten Landung veranlagte, führten am zweiten April fünfzig schwere Geschütze längs der Alsener Föhrde gleichwohl mit bestem Erfolg aus. Anfangs gingen die ‚Brander‘ genannten, mit Brennsatz vollgeschlagenen Kupferhülsen der Sprengladung, die sich beim Zerplatzen der Granaten entzündeten, viel zu kurz. Über der Wasserfläche vor Sonderburg sah man sie aufprallen. Dann aber gingen von hundert Schuß nur acht fehl, alle andern zündeten jenseits am Schloß, wo wiederholt Feuer aufging. In tiefe Nacht hinein lärmten die furchtbaren Vierundzwanzigpfünder, deren Blitze fort und fort durch hochaufsteigenden Pulverrauch zuckten und den Nachthimmel mit blutrotem Feuerschein färbten. Abfeuern und Einschlagen der Granaten und Schrapnells verschmolz sich meist unmittelbar zu einem Doppelton, als wäre der zweite Knall beim Zerplatzen nur ein Echo des ersten beim Entladen. Dies ununterbrochene Rollen über Meer und Strand schien eine Luftschlacht überirdischer Gewalten zu Häupten der Krieger.

Sturmwind trieb Qualm und Geruch des Schießpulvers den Dänen ins Gesicht, blies aber auch lichterloh aufschwälende Flamme in Sonderburg aus. Dort wurde die Wohnung des Hauptquartiers ein Schutthaufen, zweiundzwanzig friedliche Bürger bluteten unter Bombensplittern. Bis zum Morgen mehr oder minder dauernd, hob die Kanonade am dritten März früh mit Gewalt wieder an. Die Dänen glaubten an Sturmvorbereitung. Dem war aber nicht so. Sämtliche Belagerungsgeschütze, die am Gammelmark inbegriffen, spielten gegen die Schanzen, wo wenigstens Zugbrücke der sechsten Schanze in Brand geriet, im ganzen aber der Schaden gering blieb. Bis zum sechsten April abends währte das gegenseitige Getöse, als flögen ganze Berge von Eisen durch die Luft. Doch über zwölftausend preußische Granaten aus Feldgeschützen und sicher nicht weniger aus gezogenen schweren töteten nur zehn Dänen, hundert dänische Feuerschlünde nur einen Preußen.

. . An Stelle des ausrangierten und der erregten öffentlichen Meinung geopferten de Meza, dessen schöner interessanter Lockenkopf thatsächlich von höherer geistiger Begabung durchleuchtet schien, beugte nun General Gerlach sein triviales Kommisgesicht als Oberfeldherr über Karten und Pläne. Als sein Stabschef fungierte Major Stiernholm, erst zweiundvierzig Jahre alt, ein richtiger Nordlandstyp mit blondem Vollbart und aufgeweckten klaren Augen. Den früheren Stabschef Oberst Kauffmann, früher Vertreter Dänemarks beim Frankfurter Bundestag, versetzte man zur Front als Brigadier. Sein bis auf kleinen Schnurrbart glattrasiertes, kühles und kühnes Gesicht mit breiter Stirn und beobachtend energischem Ausdruck hatte etwas Englisch-Rassiges. Dagegen sahen manche Offiziere ganz preußisch aus. So der bei Missunde gefallene Kapitän Schow mit gekräuseltem Haar und Wirbelscheitel wie ein preußischer Gardeleutnant, so der dort so tüchtige Kapitän Hertel ganz wie ein preußischer Kamerad gleicher Waffe. Die höheren Stabsoffiziere sahen in ihren blaugrauen Überröcken mit blitzenden weißen Knöpfen meist so stattlich aus, wie Oberst Müller mit dem vortretenden massigen Kinn. Kriegsminister Lundbye mit den breiten Goldepauletts, dem Dannebrogorden, der langen Nase und den schmalen Bartkoteletts flößte daheim den Kopenhagenern Vertrauen ein und betrieb wirklich die Ausrüstung der Düppelstellung mit Eifer. Zu besonderem Volkshelden stieg bereits der starke Artilleriekommandeur Leutnant Ancker von Schanze Zwei auf.

„Das hat nichts zu sagen," lehnte er seine Konstabler (Kanoniere) ab, als Granatsplitter ihm den Arm verletzte. Er hielt sich so lange aufrecht, bis er nicht mehr auf den Beinen stehen konnte und seine Leute ihn mit Gewalt ins Lazarett schafften.

„Lang lebe Ancker!" erhob sich Jubelruf, als er gleich darauf wieder antrat, Arm in der Binde. Mit ihm teilte sich in die Ehren des Platzes ein junger Reserveleutnant mit langem Haar und sanftem Gesicht, Castenschiold, der dabei einen stillen Humor bewahrte. Ein Besuch des Dänenkönigs in den Schanzen hob außerdem den Mut der Besatzung. Ancker stöhnte aus tiefster Seele: „O mein altes Dänemark!"

Zwischen beiderseitigen Vorposten entwickelte sich mit der Zeit eine gewisse Gemächlichkeit. Mit den paar verbissenen Eiderdänen war nicht zu spassen, aber die struppig rothaarigen Jütländer ließen sich willig eine humorvolle Herablassung gefallen, wie unsere Brandenburger sie gegen sie herauskehrten. „Nu man 'raus, Danskes! Nu, Bruder Hannemann, kommen die Preußen!“ brachten die kecken Märker Ablösung in die dänischen Schützengräben, bis die Danskes mit freundlichem Grinsen herauskletterten und sich weiter rückwärts einbuddelten. Für ihre fest mit Leder umnähten gefüllten Feldflaschen preußische Rygsdaler einzutauschen, kam ihnen meist ganz erwünscht. Der halbe Waffenstillstand, so lange nur von hüben und drüben die großen Brummer ihre Grobheiten austauschten und das Fußvolk herumlungerte, machte so spielerig, daß ein Leutnant zehn unkrepierte siebenpfündige Granaten den Dänen mit ungefülltem Zünder zurückschoß, inwendig einen Zettel: „Grüße den dänischen Kameraden und sende Beifolgendes retour sub petitio remissionis.“ Die lustigen Vierundsechziger, viele Berliner darunter, stellten Tonnen und Ofenrohre auf Hausgiebeln auf und klapperten damit wie mit Geschützen, regelrecht bedienend. Unbändiges Gelächter brach los, wenn der Feind auf den Ulk hereinfiel und großartig diese blinden Schüsse erwiederte. Auch das Klappern eines Storchenpaares auf einem Dach in Kirch-Düppel entzückte das dankbare Gemüt der blauen Jungen. Denn Klappern gehört zum Handwerk, auch zum Kriegshandwerk. Und gar die ‚Hannemänner‘, ausgestopfte Vogelscheuchen in Uniform und Gewehr im Arm, wie die Dänen sie als Kriegslist liebten, gewährte den Berlinern ein Hauptvergnügen. Sie selber schufen unglaubliche Hannemänner, besonders einen, dem man Porzellanglocke eines Telegraphendrahts als Pfeife ins Maul steckte und neben ihm zwo grause Geschützrohre placierte: einen Baumstamm und einen Bienenkorb. Ein Osterlämmchen, das in einem erstürmten Stall zur Welt kam, putzten sie mit bunten Bändern und gaben ihm zur Bewachung zwei berittene Hannemänner, nämlich auf dem Rücken der lieben Eltern, der alten Schafe.

Die Westfalen in Rackebüll waren auch recht munter und guter Dinge, spielten Sauball und amüsierten sich über vierundachtzigpfündige Bomben, die ihnen in die Bude regneten. Als die erste eine Wand wegriß, schmunzelte ein Dreizehner: „Kiek, nu möt wie in de Külle sitten.“

Kapellmeister Piefke brachte zwei italienischen Harfenisten, die sich weiß Gott wie herverirrt hatten, statt der Garibaldihymne das Preußenlied bei. Fremde Militärattachés fielen auf, wo in Schloß Gravenstein die drei Prinzen Karl, Friedrich Karl und Albrecht mit dem Hauptquartier schmausten und Tag und Nacht das Telegraphenbureau hämmerte, auch vom Broacker Kirchturm und vom Observatorium in Dünth in Nähe der Gammelmarkbatterien durch elektrischen Draht Botschaft empfangend. Die Haketauer hatten ihr Gaudium an zwei kleinen gelben Herrn mit Schlitzaugen aus dem Reich der aufgehenden Sonne. Enomotto Kamadiro und Fium Toki nannten sie sich, japanische Marineoffiziere. In Broacker trieben die Fünfunddreißiger mancherlei Kurzweil, den Dorfteich als ‚Wenningbund‘ künstlich erweiternd und allerlei Gerümpel draufsetzend als Dänenflotte, deren Eigenart ein Füsilier mit Perücke und Brille als gelahrter Magister den Kameraden dozierte. Rolf Krake ward in solch gelehrtem Vortrag stilvoll zum Wolf Racker umgetauft. „Carlsen fällt eher als Düppel“ wettete man unten, wenn Kapitän Carlsen droben auf dem Eisenkreuz des Wetterhahns über der Luke der Kirchturmspitze ritt und durchs Fernrohr Beobachtungen anstellte. Doch der Schwindelfreie überlebte alle Wetten. Selbst tägliche Beerdigungen auf dem Broacker Kirchhof verdarben nicht die Laune. Kaum senkten sich die Fahnen und spielten die Kapellen den Trauermarsch, so stimmten sie bei Heimkehr in die Quartiere an: ‚So leben wir alle Tage‘. Nun ja, es lebte sich ja auch ganz hübsch im Pfarrhof bei sieben hübschen Töchtern des bösen Deutschenhassers Pastor Schleppeprell, dessen Bruder als hoher Dänengeneral bei Idstädt fiel und der selber als früherer Artillerieoffizier die Seelsorge im Sundewitt zusammen mit Probst Festesen recht militäreifrig besorgt hatte, ein Land- und Zwingvogt der Dänenherrschaft. Im Broacker Wirtshaus gab's eine ‚Grenadier-Resource‘ neben der ‚Offiziers-Resource‘. In Mußestunden stellten Artilleristen in der Feldschmiede metallene Ziffern und Buchstaben her, um sie auf Holzkreuze ihrer Gefallenen zu nageln. Die Pioniere modellierten zu gleichem Zweck Faschinen,

Schanzkörbe, Sandkasten, Spaten, Beile, Hauäxte, die Pontoniere sogar Boote mit Bootshaken und Ruder, damit die Toten doch Abzeichen ihrer Waffe auf dem Grabhügel trugen. Selbst in der Büffelkoppel, wo man im immer wieder besetzten Gehölz regelmäßig dänische Posten abfing und solche ‚Hofjagd‘ mit Vorliebe in Gegenwart der Prinzen abhielt, sah es höchst gemütlich aus dicht unter der Nase der bis hierher reichenden Schiffsgeschütze der Schanzen. Im „Hotel zur Büffelkoppel‘, einer Bude mit Tischen und Bänken, kostete zwar das Seidel vier Silbergroschen, doch der Wirt, dessen zahlungsfähige Moral aus Bremen stammte, wies einen darob Klagenden derbe zurecht, indem er nach oben zeigte, wo gerade eine Kugel durch die Bäume pfiff: „Recken Se de Dinger da oben för nix?“ In Sonne und Wind hing hier die Wäsche zum Trocknen und ein urkomischer August deklamierte dazu eine wunderscheene Ballade von ‚Pulex dem Turner in braunem Gewande‘. Und so unter Strauchhauen und Faschinenbinden verstrichen die Tage, bis es plötzlich hieß: der große Tag ist da! Zum Sturme!

— — — — — — — — — — — — — —

Es waren elf Bataillone, fünf Pionierkompagnien, die sich schon bei Tageshelle zum entscheidenden Stoße rüsteten. Jeder Kolonne teilte man Artilleristen zu, um bei Einnahme der Schanzen dort die feindlichen Geschütze sachgemäß zu behandeln. Die erste Kolonne bestand aus vier, die zweite aus zehn, die dritte, fünfte, sechste aus sechs, die vierte aus zwölf Infanteriekompagnien. Außerdem lagen weiter vorwärts vier Kompagnien Brandenburger Sechziger in Vorpostenstellung, deren Major v. Jena vor vier Tagen bei Sicherung der dritten Parallele den Heldentod fand. Acht Bataillone der Brigaden Canstein und Raven blieben als Rückhalt gedeckt dahinter nebst vier Brandenburger Feldbatterien. Drei gezogene sechspfündige Batterien sollten sich, sobald des Feindes Vorderlinie in Besitz genommen, aus stehender Belagerungsartillerie in bespannte umwandeln und dem Fußvolk folgen. So brach der achtzehnte April an.

Da die Ausfallstufen nur Breite einer Zugfront gewährten, ließ sich voraussehen, daß besonders vierte Kolonne beim Herausentwickeln eine langgeschlossene, von oben bis unten eingedeckte Zielscheibe dem Feinde bieten werde. Auch konnte man unmöglich

die Mannschaften über den einzuschlagenden Sturmweg örtlich unterrichten. Denn wo immer ein Kopf über den vordersten Laufgraben sich neugierig vorstreckte, ergoß sich Hagel aus Wallbüchsen dorthin. In der zehntägigen vorausgehenden Kanonade bewiesen die preußischen gezogenen Geschütze eine Überlegenheit, gegen welche die glatten des Gegners selbst bei schwerstem Kaliber nicht aufkommen. Meist sah sich der Belagerte zum Schweigen gebracht, seine Scharten zerstört, Barackenlager und zuletzt auch Blockhäuser in Brand geschossen. Doch die Lage der Schanzen, gelehnt an hohen Uferrand des Meerbusens, behielt ihre eigentümliche Verteidigungskraft noch immer, obschon fünfundzwanzigpfündige Mörser sogar gegen die festen Eindeckungen der Pulvermagazine erkleckliche

Wirkung übten. Die Dänen gaben es auf, aus den Scharten zu feuern, und hielten ihr Geschütz hinter der Brustwehr, um nur noch Kartätschlagen gegen Stürme anzuwenden. Wohl krachten Kehlbrücken der geschlossenen Schanzen, Palisaden an Gräben und Kehlen der hinten offenen Werke nieder. Auch den Verbindungsraum zwischen den Verschanzungsteilen bestrich Schrapnellhagel. Täglich schleppte man Blutende, Verstümmelte, Sterbende über die Schiffbrücke nach der Insel Alsen, die drüben mit Festung Sonderburg eine vierte Verteidigungsstellung bildete hinter der dritten am Brückenkopf und der zweiten, welche man rückwärts mit drei Schanzwerken den vorderen zehn anreihte. Doch die Rührigkeit, mit welcher der dänische Höchstkommandierende Gerlach diese zweite Stützstellung ausführen ließ, und die Beharrlichkeit, mit welcher man am Tag zerstörte Scharten und Palisaden bei Nacht wieder ausbesserte, stellten die Geduld der Belagerer auf harte Probe. Freilich konnten die Dänen nicht mehr ordentlich die preußischen Arbeiten übersehen, weil ihr Observatorium mit dem Telegraphen bei Düppelmühle unter Granaten einstürzte. Auch hielten gutpostierte Zwölf- und Vierundzwanzigpfünder den Sund von dänischen Kriegsschiffen rein, sperrten die Einfahrt. Diese Strandbatterien heulten so übermächtig nach Alsen hinüber, daß sie das dortige schwere Geschütz stillmachten. Feuersäulen und dicker Rauch schlugen über der Meereslandschaft oft empor. An der Alsener Föhrde brannten Küstengehöfte. Nach Treffern von Brandern entwickelte sich sogar glühroter Qualm in Schanze II, die sich mit besonderer Ausdauer bisher artilleristisch wehrte, wie denn auch eine Feldbatterie auf Alsen ungemeine Gewandtheit und Zähigkeit bewies.

Alle diese Erfolge hoben aber das Ergebnis nicht auf, daß man nur durch Sturm diese Düppelschanzen erobern oder nur so den Feind noch fassen konnte, der sonst kampflos bei Nacht über die Schiffbrücke nach Sonderburg zurückgehen mochte. Was aber Preußen notthat, das war wirkliche Niederwerfung des Feindes, das war ein Sieg, der sein merklich geschwundenes Ansehen wiederherstellen und Achtung vor seinem verjüngten Heere einflößen konnte. Und so kam denn endlich der große Tag heran, der Tag des Sturmes! —

Die Pioniere schleppten Heusäcke mit, um sie in die Scharten zu stopfen und sodann mit Pechfackeln anzuzünden: so hoffte man die Blockhäuser anzuzünden und deren Besatzung durch Rauch zu vertreiben. Außerdem sollten die Blockhäuser mit Pulver gesprengt werden. Die vorauseilenden Schützenkompagnien hatten die Aufgabe, alle sichtbar werdende Bemannung niederzuknallen und später von der Kehle aus den Rückweg zu verlegen, vom Rand der Umwallung die Werke umzingelnd. Währenddessen mußten die Arbeiterkompagnien, mit Gerät versehene Infanteristen, den Graben freilegen, damit die eigentlichen Sturmkompagnien die Brustwehr ersteigen könnten.

Jetzt hatten die verschiedenen Sturmsäulen die weite Befestigungslinie vor Augen. Schanze I lag unmittelbar am südlichen Meerbusen, dem Wenningbund. Daran schlossen sich in grader Front Schanzen II, III, während Schanze IV sich nahe der Flensburger Chaussee rückwärtsbog. In einspringendem Winkel lief nun über Düppelmühle die Linie nach Westen vor als Schanze V und bildete mit Schanzen V, VI, VIII eine schräge und rückwärts durch Schanze VII dreieckig abgeschlossene Front, die dann wieder steil nordwärts umsprang bis Schanze IX und dort wieder nach Osten mit Schanze X sich zurückkrümmte über die Apenrader Straße bis zum Alsensund, wo Schwimmbäume die Wasserverbindung aufhoben. Drohend traten die Profile der bedeutenden Werke hervor. Sturmpfähle schirmten die Escarpen, hinter Palisadenwänden lagen Scharfschützen, Wallbüchsen lauerten am Wall, Rollbrücken erleichterten die Verbindung der Kehlgräben. In den Verbindungslaufgräben dahinter boten Sandsackscharten eine Art Zinne. Doch nötigte das überwältigende Belagerungsfeuer die Schanzbesatzungen, sich auf eigene Hand Nischen an der Brustwehr zu wählen, um sich dort hinein zu betten.

Die drei großen Nordschanzen deckten ein viel weiteres Gebiet als die andern Abschnitte. Hier konnte Feldartillerie sich frei bewegen. In der Mitte lag die kleine Schanze VII ziemlich hoch am Ausgang einer tiefen Schluchtsohle, während weiter vorn auf höchster Kuppe der Gegend die fünfseitige stärkstarmierte Redoute VI ihre Wirkungssphäre bis zu beiden Flügeln an beiden Meeresarmen ausdehnen konnte. Die kleine Schanze V bestrich flankierend die Flensburger Chaussee von Norden, während sechsseitige IV von

Süden das Gleiche leistete und gleichzeitig aus ihrer zurückgebogenen Lage das ganze Gelände hinter den drei Südschanzen beherrschte. Letztere umschrieben nur eine Front von tausend Schritt, Schanze IV inbegriffen, die sechs andern Werke zweieinhalbmal mehr. Der einspringende Winkel zwischen V und III, mit IV im Rückhalt, erwies sich natürlich der Feuerwirkung besonders günstig, indem diese drei Werke sich gegenseitig schirmten. Ähnliche Stärke besaß auch das Dreieck VI, VII, VIII, wobei noch die besondere Ausdehnung und Besetzung von VI ins Gewicht fiel. Schanze II, sechseitige stumpfe Lünette, hielt auch ihre hinteren Verbindungslaufgräben nebst zwei dortigen Batterieeinschnitten unter Schuß. Fünfeckige niedrige Redoute I besaß durch ihre Uferlage bemerkenswerte Eigentümlichkeiten. Bis in die See stieß sie einen Palisadengraben von sich aus, der im seichten Strandwasser ein Verhau, wodurch jede Umgehung von dort durch etwa heranwatende Stürmer ein Ding der Unmöglichkeit. Auf der oberen Kante des Strandabfalls lief ein gedeckter Laufgraben weit die Küste entlang bis zu den noch nicht ganz vollendeten, doch hinreichend armierten Lünetten A, B, C, D der zweiten Verteidigungsstellung. Da I auf leichter Erhöhung am Meere den ganzen Küstenweg bestrich und sogar eine nasse Schlucht vor ihr entlanglief, bot sie dem Sturme besondere Schwierigkeit.

Allerdings kämmten preußische Granaten hier und da die Brustwehren ab, so daß man die nicht versenkt, sondern entschieden zu hoch angelegten Blockhäuser hindurchsah. Auch mußte man infolge des furchtbaren Bombardements den Innenraum immer mehr einschränken, um durch immer neue Anhäufung von Stützen die Brustwehr zu stärken. Aber so nachteilig derlei Nebenumstände der Verteidigung sein mochten und bewegliche Leitung behinderten, ließen sich noch schwere Verluste erwarten, wenn der Sturm sich an so gewaltige Befestigungen heranwagte. Infolgedessen setzte sich bei den Dänen der Aberglaube fest, daß nur bei Nacht durch Überfall der Feind einen Angriff plane. Rote Laternen sollten aus den Schanzen dem großen Kriegsschiff „Rolf Krake“, das am Sundewitt kreuzte, von hierauf bezüglichen Anordnungen Kenntnis geben. Bei Tage aber, um Verluste zu sparen und die Mannschaft zu schonen, ließ man Thore und Brücken offen, blendete die Scharten und die Besatzung lagerte vierhundert Schritt hinter den Schanzen, während der Angreifer nicht mal so weit davor in der Parallele lag. Die starken Reserven vollends mußte man fünfzehnhundert Schritt rückwärts aufstellen, da sie sonst auf freiem Raum zu arg von Kanonenkugeln heimgesucht worden wären. Diese mißlichen Umstände des Belagerten waren es, auf welche möglichenfalls der Stürmer seinen Plan bauen konnte. Und es sollte offenbar werden, daß diese Neupreußen, deren altpreußische Herrlichkeit lange im Urteil der Welt verblaßt und deren Belle-allianceruhm eine verschollene Sage schien, an Todesverachtung, Hartnäckigkeit und Spannkraft die Gleichen blieben, an Schnelligkeit, Leichtigkeit und Gewandtheit der Fechtweise aber ihre Altvorderen noch übertrafen. Sie schreckte dies Unterfangen nicht ab, zwölf Fuß tiefe und zwanzig Fuß breite Gräben zu überspringen, Eggen, Wolfsgruben, Spickpfählchen, weinspalierartige Drahtnetze davor wegzuräumen und zwanzig Fuß hohe Erdwälle zu erklimmen. Aber was dann? Drohend erhob sich das hohe Kronwerk des nördlicheren Brückenkopfs, am rechten dänischen Flügel verwehrten Alsener Batterien jedes Vorschreiten, stets blieb den Dänen ihre sichere Basis auf Insel Alsen, unangreifbar durch ihre nicht streitig zu machende Seeherrschaft.

Vierundneunzig Geschütze, davon achtundfünfzig gezogene, donnerten seit dem siebzehnten April abends gegen die Schanzen, sechzehn fernere gezogene am Alsensund gegen die Insel. Seither bis zum Abend des Sturmtags gaben sie zusammen über sechstausendachthundert Schüsse ab. Im Ganzen verfügte man über hundert Positions-, zweiunddreißig Feldgeschütze. Die Dänen wollen in den Schanzen nur noch elf Mörser, vierundsiebzig Kanonen brauchbar gehabt haben, ursprünglich besaßen sie hunderteins in Schanzen und Verbindungsgräben. In den Lünetten der zweiten Verschanzung außerdem zwölf, am Brückenkopf vier schwere, zwei Feldgeschütze standen in freiem Felde. Auf Alsen befand sich das elfte Regiment und deckte dort zwei große Geschützversammlungen: die Mühlenbatterie an einer großen Windmühle, die Schloßbatterie in kasemattartigen Souterrains, die Kirchbatterie am Kirchhof, deren fünfzehn schwerste Stücke bis zur Flensburger Chaussee ihre Geschosse schleudern konnten, die drei Baadsager-

Flankenbatterien auf nördlichen Kuppen. Das terrassenartig ansteigende Sonderburg gestattete außerdem ein Errichten von einzelnen Geschützständen und Schützengräben übereinander. Alle am Strand liegenden Häuser und Hausruinen, Schutthaufen und freier Schloßplatz waren zur Verteidigung hergerichtet, mit Fußvolk belegt. Am Schloß standen Landungsbrücken und eine Fähre zur Vervollständigung des Übergangsmittels der zwei großen Schiffbrücken. Der Brückenkopf auf steil abfallendem Uferrand besaß ein freies Schußfeld in einer Frontausdehnung von fünfzehnhundert Schritt. Bedenkt man, daß in solch furchtbaren Stellungen immer noch sieben dänische Brigaden der Divisionen Steinmann und du Plat mit achtundzwanzig Bataillonen und einem Gardebataillon lagen, so konnte der Kühnste sich einer Beklemmung nicht erwehren, wenn er die Möglichkeit erwog, Schanzen und Brückenkopf zu nehmen. Denn ohne den Brückenkopf wäre Einnahme der Schanzen nichts nütze gewesen, da sie im wirksamsten Feuer von dort und aus Alsen kaum haltbar bleiben konnten. Die dänische Garnison schwächte sich freilich durch Entsendung des zwölften Regiments nach dem Norden von Alsen und nach Fünen, um seine Kanonenstützigkeit und Neigung zur Desertion zu heilen. Doch vierzehn Regimenter schienen immer noch stark genug, den Anprall abzuwehren. Ob es dem General Goeben gelingen werde, mit sechs Bataillonen und Unterstützung von drei Feldbatterien während des Sturmes nach Alsen überzusetzen, wozu bereits Ponton- und Bootskolonnen bereit standen, schien höchst ungewiß. Prinz Friedrich Karl ließ seinem Ermessen völlig freie Hand, ob er sich daran wagen wolle oder nicht.

Die dänischen Regimenter litten bereits so sehr, daß Brigade Lasson (Schanze III—VI) und Brigade Wörishöffer (Schanze VII bis IX) nur noch viertausendzweihundert Mann zählten, Brigade Scharffenberg dahinter in zweiter, Brigade Kauffmann in dritter Linie zusammen viertausendfünfhundert. Artillerie inbegriffen, standen also nur zehntausend Dänen bereit, ungefähr ebensoviele deutsche Stürmer aufzufangen, hinter welchen obendrein noch mindestens Fünfundzwanzigtausend warteten nach dänischer Schätzung. Dies ist aber sicher übertrieben und dürften inklusive Artillerie im Ganzen nur Dreißigtausend unter Waffen gewesen sein, von welchen Fünftausend Sonderburg bewachten. Dort drüben auf Alsen lagen aber noch in Quartier die vierte, fünfte, sechste Brigade, außerdem die Leibgarde zu Fuß und das von Fridericia abbeorderte elfte Regiment, also noch fünfzehn Bataillone in ungefährer Stärke von zehntausend Mann. . . .

Von der furchtbaren Morgenkanonade klirrten und erzitterten die Fenster in Schloß Gravenstein. Doch schwieg dort um acht Uhr plötzlich das Getöse und das Hauptquartier erkundigte sich besorgt, ob irgend etwas Besonderes vorgekommen sei, weil die Beschießung aufhöre. Verwundert telegraphierte General v. Hindersin, Höchstkommandierender der Artillerie, zurück, daß kein Mensch an Einstellen des Bombardements denke, das ja rase nach wie vor. Es handelte sich also um eigenartige Erscheinung atmosphärischen Drucks, die aber auch in entgegengesetzter Himmelsrichtung bei den Dänen unheilvollen Einfluß übte.

Das frühere trübe, neblichte und regnerische Wetter wich seit lange herrlichem Sonnenschein. So genoßen denn der alte Nußknacker Feldmarschall Wrangel, der nur unzeitgemäße Kalauer zur allgemeinen Strategie beisteuerte, und die Prinzen Karl und Albrecht, Vater vom Observatorium bei Dünth, eine weite Fernsicht. Inmitte anderer deutscher Fürsten und Prinzen erschien dort auch des Kronprinzen ritterliche Siegfriedsgestalt, so recht eine Verkörperung Germaniens, das sich langsam, Kyffhäuserschlummer aus den blauen Augen reibend, zu voller reckenhafter Größe erhob und wieder dastand in stählerner Brünne wie in vergangenen Tagen alter Kaiserherrlichkeit.

In der zweiten Parallele stellte sich der famose Musikdirektor Piefke, ein etwas aufdringlicher Patriot, mit vier Brandenburger Regimentskapellen in Positur, um das Vorstürzen der Sturmsäulen mit den gellenden Tönen des Avanciermarsches zu begleiten und sodann seinen eigenskomponierten ‚Düppeler Sturmmarsch‘ auszuproben. Auf dem Spitzberg trabte der Rote Prinz mit seinem Stabe, General von Manstein überwachte die Sturmkolonnen. Und nun ging's los mit Windeseile unter rollenden Salven aus den Banketts der Schanzränder. Gegen die sechs Schanzen der Mitte und der Linken richtete sich allein der Stoß. Nach drei Minuten fiel der erste Kartätschschuß — fest stehen die Düppeler

Schanzen, doch fester steht die Gewißheit, daß sie fallen müssen — kein Rückwärtsschauen — majestätisch wehen die Fahnen an der Spitze — höher hinaufgetragen im klaren Sonnenschein. —

„Bravo! Hurrah! Die erste Preußenfahne droben in freier Luft!" jubeln die vornehmen Zuschauer auf der Dünther Höhe. Die Uhr sagt: „4½ Minuten nach 10!"

— — — — — — — — — — — — — —

„Schanze Sechs! Sie sind drin!" schrieen die dänischen Höchstkommandierenden auf, indem sie vom Brückenkopf aus das Heranwogen der Deutschen beobachteten. „Pfui über das zweite Regiment! Was treibt denn Dreyer?" Diese Truppe nämlich verteidigte Schanzen IV, V, VI und zwar ihr erstes Bataillon Schanzen V und VI unmittelbar nebst den anstoßenden Laufgräben. Vor Schanze VI befanden sich am Fuße des Glacis noch Vorposten der dritten Brigade Wörishöffer, die jedoch mit siebzehntem Regiment meist Schanzen VIII und IX festhielt, ihr sechzehntes Rgt. noch nördlicher vor IX und X und bis zum Meere. Zweitausend Schritt Frontbreite für eine Brigade waren dort etwas viel, doch blieb diese Linie vorerst vom Angriff verschont. Dagegen vermochte die erste Brigade Lasson einen Frontraum von gleichfalls zweitausend Schritt nur ungenügend zu decken, obschon zweiundzwanzigstes Regiment sechs Kompagnien in Schanzen I, II, III und den Verbindungsgräben, das zweite gleichfalls sechs in IV, V und VI, beide nur je zwei in Reserve rückwärts hatten. In I, II, IV und VI lag je eine halbe, in III nur eine Viertelkompagnie, in V nur dreißig Mann. Es kam also darauf an, ob die zwei dahinter am und im Brückenkopf lagernden Brigaden Kauffmann und Scharffenberg (zweite und achte) rechtzeitig gegenstoßen könnten, falls der Angreifer eindrang, und ob man die drei auf Alsen kantonierenden Brigaden (fünftes, zehntes, viertes, sechstes, achtes, fünfzehntes, elftes Regiment und Leibgarde) rasch genug über die Schiffbrücke heranziehen werde.

Oberstleutnant Falkenskjold, Kommandeur des zweiundzwanzigsten Regiments, lag schon bewußtlos durch Luftdruck einer Granate, die mitten in Offiziersgruppe platzte, den Bataillonschef Baland und einen Kompagniechef tötete, den freiwilligen Leutnant Carlsson aus Finnland verletzte. Gleichwohl erholte sich Falkenskold und empfing am linken dänischen Flügel die Stürmer mit lebhaftem Gewehrfeuer seiner Zweiundzwanziger und hielt sich durch Kartätschfeuer der Schanze Zwei den Feind vom Leibe. Dagegen fand sich das zweite Regiment, wo gleichfalls eine Granate den Bataillonschef Arnholtz niederriß, unter Oberstleutnant Dreyer schon im ersten Anlauf durchbrochen und zwar gerade am stärksten Punkte der ganzen Befestigungslinie: Schanze Sechs. Das kam so. Die heraneilende Besatzung überschritt überhaupt erst die rückwärtige Zugbrücke, um in ihren Posten einzurücken, als die Garden schon von drei Seiten ins innere drangen. Major v. Beeren führte hier vier Kompagnien Rgts. Augusta, zwei Rgts. Elisabeth mit besonderer Umsicht und durchmaß die dreihundertsechzig Schritt bis zur Schanze in einem Zuge, worauf Schützen, dann Pioniere, dann Artilleristen und Arbeiterkompagnie, nur fünfzig Schritt dahinter zwei Sturmkompagnien, hinter ihnen auf hundertfünfzig Schritt zwei Reservekompagnien. Mit Leichtigkeit überschritt man die Sturmpfähle, indem man schwere Sandsäcke in den trockenen, tiefen, schmalsohligen Graben warf. Ein gezogener Achtzehn- und ein Vierundachtzigpfünder spieen zwölfmal Kartätschen und aus Schanze Acht hagelten Granaten über die Chaussee. Doch das währte nur eine Minute und schon war man drin. Drei Offiziere vierzig Mann ergaben sich nach kurzem Kampfe, die übrigen meist unvernagelten und kampffähigen Stücke hatten wegen Abwesenheit der nötigen Bemannung gar nicht mitwirken können. Artillerieleutnant Hübler wandte nun drei Vierundachtzigpfünder gegen die Schanzen Sieben und Acht des rechten dänischen Flügels, fünfundzwanzig Schuß saßen kräftig in Schanze Acht. Der rührige Artillerist führte auch noch vier Zwölfpfünder an der Kehlbrustwehr auf, ohne jedoch hiermit mehr Feuer abgeben zu brauchen. Inzwischen warfen sich die beiden Reservekompagnien auf den Laufgraben zwischen Schanze Fünf und Sechs und nahmen die vertriebene Besatzung meist gefangen. Die Schräghölzer der Sturmpalisaden, obschon überall von bestem Holz und dauerhaft, hatte der dänische Ingenieur gerade vor dieser Schanze mangelhaft angelegt. Man fand auch hier wie in anderen Schanzen seltsame Höllenmaschinen, sogenannte Espingoln-Batterien (drei Gewehrläufe mit zwanzig Kugeln) und Wallbüchsen, meist schon zertrümmert. Das dünne, niedrige, lose befestigte Drahtgitter längs der ganzen Schanzfront ward hier wie überall mit einem Beilhieb gesprengt oder einfach übersprungen.

Da Artilleriekapitän Sick selbst zur Stelle war, hatten die Kanoniere schnell genug gearbeitet. Schwedischer Korporal Rosell wollte gerade sein Stück vernageln, als Preußen über die Brustwehr sprangen. Hier focht auch als Landwehrmann der bekannte Schriftsteller Budde.

Die Schanze selber bot jedoch kein Bild der Verwüstung, wie man es in südlicheren Schanzen fand. Dort verschwand die grüne, gradlinige Dossierung in hügelig unförmigem Erdhaufen, überall klafften fünf Fuß breite Löcher, von Bomben aufgewühlt. Zerschossene umgeworfene Kanonen, Lafetten, Bombensplitter, Kugeln aller Art, Montierungsstücke jeder Gattung, Tournister, Gewehre mit abgeschlagenen Kolben besäten den Boden, auf welchem zersplitterte, durchgebrochene Riesenbalken des Blockhauses herunterhingen. Unter all dem zerfetzten Wirrwar schliefen Tote mit friedlichen Mienen, als wollten sie sagen: uns geht ja die ganze Geschichte nichts mehr an!

So fiel die am stärksten ausgebaute und armierte und verhältnismäßig am wenigsten versehrte Redoute infolge thätiger und rastlos arbeitender Leitung des Majors v. Beeren auf einen Schlag. Beim Sturm streifte eine Kugel leicht den Hauptmann v. Bancels, Leutnant Stangen ward wenigstens nicht schwer verwundet. Der Verlust blieb sonst vorerst sehr gering. Nun aber richtete sich ein furchtbares Feuer aus Schanze Sieben auf die kecken Eindringlinge.

Das entsetzliche Bombardement vor dem Sturme fügte den Besatzungen des linken Flügels schon herben Verlust zu. Schanzen Eins und Zwei wurden am härtesten mitgenommen, Zwei am Eingangsthor unreparierbar beschädigt, doch ihre Artillerie blieb ziemlich gefechtsfähig. Deshalb hielt grade Schanze Zwei sich etwas länger als die übrigen Vorderschanzen wegen besonderer Hartnäckigkeit der Verteidigung, die allerdings bei beiden Schanzen durch jene nasse und obendrein mit Verhauen versehene Schlucht vor der Front begünstigt wurde. Andererseits entzog diese aber den Angreifer beim Durchschreiten dem Flankenfeuer auf dreihundert Schritt, welches Schanze Zwei und ihr Verbindungsgraben zu Eins gegen die erste Sturmkolonne richteten. Letztere hatte von allen den weitesten Weg zurückzulegen, sechshundertfünfundzwanzig Schritt. Nur durch scharfes Laufen konnte man solchem Übelstand abhelfen. Es waren drei Kompagnien dritten, zwei vierten Garderegiments und eine vom Rgt. Elisabeth, welche unter Major v. Conta hier anliefen.

Mit Glockenschlag Zehn warf sich Schützenkompagnie unter Hauptmann v. Reinhardt vom dritten Garderegiment in den nassen Grund hinab und rannte in aufgelöster Ordnung übers freie Feld vor, ohne zu stutzen und einen Schuß zu thun, obschon die Flügelleute fielen. Die Palisadenwände fanden sich wider Erwarten undurchlöchert, doch entdeckte v. Reinhardt eine in Höhe von drei Fuß abgeschossene Palisade und stürzte durch diese Lücke zur Brustwehr hinan. Die unten Stürmenden sahen ihn oben erscheinen und mit Wenigen um sich hauen. Die Pioniere zerrissen den Drahtzaun, ihr Leutnant Stark erstieg zuerst den Kamm. Von Traverse zu Traverse fechtend, machten die Garden das schwache Häuflein nieder, das allein zur Stelle war. Denn fast überall hatten die Besatzungen, bis sechs Uhr früh gefechtsbereit, das Gewehr aus der Hand gelegt und angefangen abzukochen. Der preußische Angriff kam also über sie im denkbar günstigsten Augenblick für die Stürmer. Ein vereinbartes Alarmsignal, das im Fall eines Sturmes von Schanze Fünf aus zuerst gegeben und dann längs der Chaussee durch eine Kette aufgestellter Hornisten von Schanze zu Schanze mit langgehaltenem Tone aufgenommen und fortgesetzt werden sollte, kam zu spät und verhallte im Schlachtlärm, der ja freilich auch jede besondere Anzeige unnötig machte. Man sah und hörte ja genügend, daß die Entscheidung nahte. Außerdem sollen mehrere dänische Hornisten auf der Chaussee erschossen sein und die höher steigende Sonne verdünnte die untere Luftschicht derart, daß sie den Schall nicht ordentlich fortpflanzen konnte. Selbst die nächsten dänischen Reserven vernahmen nicht das Rollen des Gewehrfeuers, wo Halbkompagnie Johannsen in Schanze Eins sich wehrte.

Von fünf Geschützen der Schanze Eins lagen vier demontiert am Boden. Vernagelt erwiesen sich auch die zwei in den nahen Kommunikationswerken. Das einzige in der Schanze brauchbare Geschütz brachte Artillerieleutnant Schmölder auf die Seefront in Erwartung des Rolf Krake. Nachdem drei Offiziere mit einigen

Leuten als Rest des tapfern Besatzungstrupps gefangen, drang Reinhardt aus der Schanzkehre in die längs dem Strande rückwärts laufenden Verbindungsgräben ein. Ihm folgte die Arbeiterkompagnie, bisher mit schweren Heusäcken, Leitern, Sturmbalken bepackt, was sich unnütz erwies. Sieben Mann blieben tot auf der Strecke liegen, vielen dienten die durchschossenen Säcke als Deckung, ein Offizier viel in die Eggen am Graben und verletzte sich erheblich. Schon vorher erbreiterten aber die Pioniere alle Palisadenlücken, brachen die Kehlbrücke ab, blendeten den Eingang mit Sandsackmaske und wandelten so die Front des Werkes nach Osten um. Über eine rasch den Graben überbrückende Rampe stürzten die Sturmkompagnien hinein. Der Arbeiterhaufe warf alles Gerät weg und stürmte mit dem Gewehr Reinhardt nach. Fünf Minuten nach Zehn wehte hier das schwarzweiße Banner. Zündung vorhandener Minenleitung und Sprengung der ge [illegible] Pulverkammer vereitelte ein Pionier. Rechtzeitig erblickte er einen braven dänischen Kanonier, der mit brennender Lunte zur Pulverkammer eilte, und stach ihn nieder.

Während zwei Hauptleute mit Gesammelten im Bestand von zwei Kompagnien nebst Artilleristen und Pionieren die Schanze sicherten, stürmten alle andern ohne Besinnen gegen die zweite Verteidigungsfront los, wo bereits im gedeckten Laufgraben am Strand die Kompagnie Wolfradt triumphierend eine zweite Fahne aufpflanzte. Eine starke halbe Stunde später erschien Rolf Krake, der aufmerksam beobachtete, sofort Anker lichtete, Dampf aufsetzte und klar zum Gefecht machte. Zwei Minuten vor halbelf Uhr. Er schrammte in schnellster Fahrt nach der Küste, legte sich nach der Seeseite des Düppeler Landes und beschoß die schon jenseits der Schanzen vordringenden Kolonnen mit Granaten. Da aber der zu Zeiten sehr dichte Rauch gerade dem Lande zugeweht wurde, so stellte er mehrfach sein Schießen ein, um nicht eigene Truppen zu treffen. Vorsorglich spannten die Preußen früher Fischnetze ins Fahrwasser, um die Schiffsschraube in ihrer Bewegung zu stören, und dies hinderte mehrfach das Manövrieren. Leutnant Schmölder sah auf die Uhr, als er seinen ersten Schuß gegen das Kriegsschiff that: „10 Uhr 42!“ Er löste vierzehn Schuß, davon zwei Treffer, während gleichzeitig die Gammelmarkbatterien den armen

Rolf bearbeiteten. Eine vierundzwanzigpfündige Granate ging durchs Deck bis ins Vorlogis, tötete Leutnant Jespersen und verwundete neun Matrosen. Den Kanonier Olson im Vorderturm riß ein Granatsplitter nieder, gleichfalls neun andere Schiffsleute bluteten. Es ging auf Mittag, als Rolf nach Abgabe von fünfundneunzig Schuß sich außer Schußweite legte. —

Schon früher fiel Schanze Drei. Mit äußerster Schnelligkeit brachen drei Kompagnien Leibregiments, drei der Posener Achtzehner über die Ausfallstufen vor. Da sie nur zweihundertfünfunddreißig Schritt zu durchmessen hatten, spornte diese kürzeste Entfernung der Sturmsäulen gerade die dritte an, möglichst zuerst die preußische Fahne aufzupflanzen. Es war ein förmliches Wettlaufen. Die Schützenkompagnie stürmte gegen den ausspringenden Winkel der Redoute, hundert Schritt davon sank ihr Hauptmann v. Seydlitz, am Kopf getroffen und betäubt. Außer heftigstem Gewehrfeuer sendeten auch ein Geschütz der Schanze und eins aus

Schanze Vier, sowie zwei bespannte Feldgeschütze in der Kommunikation zwischen Drei und Vier je eine Kartätschlage. Diese Geschosse sausten zwar über die Köpfe der Schützen meist hinweg, schlugen aber verderblich in die Sturmkolonnen ein, auch in die vierte, deren geringer Abstand von der dritten sie in gleiche Feuersphäre brachte. Gleichwohl brauchten die Schützen nur wenige Minuten, um bis auf fünfzehn Schritt an den Schanzgraben zu gelangen. Im Halbkreis sich niederwerfend, putzten sie mit Schnellfeuer die Feinde auf den Wällen weg, indes Major Girodz v. Gaudi an der Spitze seiner Sturmkompagnien rief: „Jetzt fix, ehe sie wieder laden können!" Ehe die Besatzung nach allgemeiner Generalsalve wieder schußfertig war, drängten die Preußen in vollem Lauf und schönster Ordnung, in Sektions nach der Mitte formiert, über Cäsarpfähle, Wolfsgruben, Eggenreihen, Drahtgitter herein, wobei die flinken Kerle einander unterstützten und Huckepack trugen, um über die Pfähle zu kommen, andere die Palisaden auswuchteten, womit schon Arbeiterkompagnie v. Hanstein sich beschäftigte. Diese griffen nun zum Gewehr, die Schützen standen rasch auf und erkletterten die Kehle. Das von allen Seiten umfaßte und von Preußen überflutete Werk hielt sich jedoch noch einige Zeit. Obschon fünf Minuten nach zehn Uhr schon Sturmfahnen aller vier Kompagnien auf der Brustwehr flatterten, dauerte das Ringen bis zum wirklichen Besitz doch fast so lange wie bei Schanze Zwei. Nur so unübertrefflichem Heldenmut, wie ihn diese Tapfern entfalteten, konnten die hier zähe und erbittert ausharrenden Dänen überhaupt noch so rasch erliegen. Hornist Korn von der Schützenkompagnie Leibregiments steckte die erste Fahne in den Boden, fiel aber sogleich, worauf Hornist Kohlmeier eine zweite Fahne aufpflanzte. Ungefähr gleichzeitig damit gelang es dem Füsilier Jasger, eine Fahne der Posener droben wehen zu lassen. Die Hauptleute Graf Finckenstein und Hanstein der Posener mit mehreren Offizieren erstiegen zuerst die Brustwehr, welche ihnen vorauf schon Lt. v. Werdeck vom Leibregiment betrat, nachdem Lt. v. Alvensleben noch am Fuß des Walls schwergetroffen fiel. Der Zug des Lts. v. Brause kam zuerst in der Front herüber, wobei die Füsiliere Leibregiments ihren hochgewachsenen Leutnant v. Werdeck auf zusammengelegten Gewehren über den Wall hoben.

Premierleutnant Stöckel der Schützenkompagnie vertrieb den Feind aus dem Verbindungsgraben rechts, stürzte aber in den Graben rückwärts, von drei Kugeln durch Arm und Brust geschossen. Lt. Karstedt hielt sich links, jagte den Feind aus dem Laufgraben nördlich der Schanze vor sich her und nahm von der Kehle her die Schanze, infolgedessen der im nördlichen Innenteil fechtende Teil der Besatzung die Waffen fortwarf. Die übrigen Dänen setzten aber den Kampf wütend fort, ein Würgen Mann wider Mann entspann sich. Die Posener verzichteten auf Laden und Schießen, sondern warfen zur Hand liegende Steine und Balken auf den Gegner, der sich allmählich ins Munitionsmagazin, Unterkunftsräume und kellerartige Löcher, unvollendeten Minengang zurückzog und weiterfeuerte. Da das Gemetzel fortdauerte, erholten sich auch solche, die vorher auf die Knie fielen und um Pardon schrieen, von ihrem Schrecken, griffen Waffen wieder auf, tauchten alsbald aus ihren Löchern hervor und schossen. Diese Tücke war um so unüberlegter, wie bei beschränkten langsamen Menschen gewöhnlich, als jetzt massenhaft die ganze Sturmkolonne über den Graben hineinströmte. Blitzschnell übermannt, erlagen die Wortbrüchigen. Was nicht sein Heil in wilder Flucht suchte, ward niedergemacht, der sonstige Rest gefangen. Doch wehrten sich mehrere Trupps, Pardon verschmähend, bis auf den letzten Mann. So ging denn auch Schanze Drei, wie Schanze Zwei, erst nach rühmlichem Widerstand in deutsche Hände über. Anfänglich soll nur Offiziersaspirant Smith mit neunzehn Infanteristen die Verteidigung geführt haben, der blutend niedersank, als er eben den Revolver auf einen Fähnrich anschlug. Nur neun Dänen streckten hier das Gewehr. Alle vier Kompagnieführer der Sieger bluteten, doch behielt der am Arm verwundete Graf Finckenstein der Posener sein Kommando.

Noch hielt vierte Kompagnie zweiten Bataillons zweiten dänischen Regiments den Laufgraben zwischen Schanze Drei und Vier. Auf hundertfünfzig Schritt Länge sprühte ihre Front ein starkes Feuer aus, untermischt mit Kartätschen zweier vierundzwanzigpfündigen Granatkanonen der dreizehnten Feldbatterie. Dies Feuer traf zugleich die vierte Sturmkolonne, welche nunmehr gegen die linke Flanke vorbrach und zuletzt sogar die Dänen in

Rückenfeuer brachte, während die dritte aus der rechten Flanke ein verheerendes Feuer eröffnete. Die Geschütze wurden im Feuer genommen, die Konstabler gefangen. Nur Korporal Glud rettete sich, während weiter rechts im Laufgraben hinter Fünf Korporal Jensen nur einen Kartätschschuß abfeuern konnte, ehe er fiel.

Landwehrleutnant Trauberg befahl, schwerverwundet liegenbleibend, seiner Kompagnie sich zu retten, nachdem auch Aspirant Barner seine erste Feuertaufe mit dem Tod besiegelte.

Es entbrannte hier aber im allgemeinen noch ein harter Kampf aller vier Sturmkolonnen, da jetzt überall die Reservekompagnien durch die Vorderglieder hindurchgingen und die zweite Schanzlinie anfielen, zu welcher ihrer Lage nach auch Schanze Vier halb und halb gehörte. Letztere fiel daher auch erheblich später, während Schanze Fünf ziemlich gleichzeitig mit Schanze Drei genommen ward. Regimentschef Dreyer mit seinem Adjutanten Ronnow sprang hier persönlich aufs Bankett des hinteren Laufgrabens: „Ans Gewehr!“

Obschon hier die Entfernung in gerader Luftlinie noch kürzer war als bei der dritten Kolonne, vergrößerten sich sothane dreihundertzehn Schritt doch ungemein durch eine Seitwärtsbewegung die man von den Ausfallstufen zur Chaussee hin vollziehen mußte. Doch schlich die vorderste Schützenkompagnie Salpius der aus je drei Kompagnien Vierundzwanziger und Vierundsechziger gebildeten fünften Kolonne sich schon früher zu den Vorposten aus dem Laufgraben vor und begann von dort den Anlauf. Ihr schlossen sich Pioniere, Arbeiter- und eine Sturmkompagnie an und diese linke Abteilung warf sich gegen Kommunikation zwischen Schanze Fünf und Sechs. In der Mitte berannten Kompagnien Sellin und Goerschen (beides Ruppin-Havelberger Vierundzwanziger), während rechts eine Reservekompagnie die Verbindung zwischen Schanze Fünf und Vier anfiel. Hauptmann v. Goerschen, ein leidenschaftlich exzentrischer und barscher Offizier, dessen vorzügliche Fähigkeit sich dereinst noch bei Vionville und Le Mans erproben sollte, stand schon nach drei Minuten vor den Palisaden. Diese vermochten so tapfern Männern nicht Halt zu gebieten. Denn in einem Augenblick stemmte sich die Masse dagegen und drückte sie nieder, indes Andere sich über die spitzen Pfähle schwangen oder einander hinüberhoben. Den Hauptmann v. Sellin trugen seine Füsiliere im Triumph hinauf. Zwar fiel Premierleutnant Lommatzsch an der Spitze seiner westfälischen Pioniere und Bataillonsadjutant v. Falkenstein erhielt einen Doppelschuß, und der persönlich herbeieilende dänische Regimentskommandeur Dreyer warf rechtzeitig zwei Züge seines zweiten Bataillons in die Schanze, auch trieb Kommandiersergeant Lommer (Feldwebel) mit rasch gesammelten Versprengten die Preußen nochmals zurück. Doch handelte es sich dabei nur um Sekunden, denn sechs Minuten nach zehn Uhr befand sich die ganze Schanze in preußischem Besitz. Ihr Kommandant, Leutnant Hiort, verließ verwundet die Walstatt, nachdem sein Sekondeleutnant fiel. Kein Geschütz kam zum Schuß, Korporal Springer fiel, die Kanoniere entrannen.

Hinterraum angefüllt mit toten und sterbenden Dänen, Munitionsmagazin mit dorthin geflüchteten Schwerverwundeten. Es ging alles so rasch, daß ein Vierundzwanzig-, ein Sechs-, zwei Zwölfpfünder, die man vorfand, noch mit Kartätschen geladen hinter den Scharten standen, ohne je zum Schuß zu kommen. Allerdings ermöglichte den raschen Fall der Schanze nur die glänzende Mitwirkung der linken Abteilung. Durch fünf Kartätschlagen der Schanzen Vier und Sechs begrüßt und von zahlreichen Gewehrkugeln aus dem Laufgraben überschüttet, wo Kopf an Kopf hinter der Brustwehr auftauchte, brachen die Prenzlau-Angermünder Vierundsechziger das hier wesentlich stärkere, weil über einer Verpfählung angebrachte, Drahtgitter nieder und gingen ohne Weiteres zum Sturme über. Hauptmann v. Salpius, als talentvoller Zeichner von Kriegs- und Genreszenen bekannt, ein hochgebildeter edler Mann, hatte eigens beim Prinz Friedrich Karl um die Ehre gebeten, den Sturm eröffnen zu dürfen. Hier sank er gleich auf der Schwelle des Sieges, durch beide Oberkiefer geschossen, am Glacis nieder. Dies thaten Bleigeschosse, auch ein Geschütz der Schanze Sechs bestrich verderblich diese Fläche. Doch ohne wesentlichen Aufenthalt, keiner Verluste achtend, wälzte sich das Ungestüm der tapfern Kompagnie Salpius und der ihr folgenden Abteilungen in das Verbindungswerk hinein und überwältigte mit blanker Waffe den Feind.

„Liebt ihr mich, Leute, so bleibt bei mir!“ mahnte der Laufgrabenkommandant Gandil die Seinen treuherzig, als auch hier ein junger Aspirant Bruun als Vorbild älterer Soldaten fiel. Erst als die Sieger von allen Seiten ihn einhegten, ergab sich Gandil. Reservekompagnie Larsen ward zurückgedrückt. Artillerieleutnant Nielsen gab noch zwanzig Schuß mit den zwei Kanonen des Laufgrabens ab, ehe er sie vernagelte.

Nach rechts einbiegend, erschien die ihres Führers beraubte Schützenkompagnie alsbald vor dem hinteren Laufgraben-Schanzwerk, geführt vom Feldwebel Probst, die Fahne in der Rechten. Da zerschmetterte ihm ein Schuß den rechten Arm. Noch einmal raffte er sich auf, warf die Fahne in die Linke, obschon ihm seine Kräfte zu schwinden drohten, und suchte sie in die Erde zu stoßen. Doch ein herzuspringender falscher Danske setzte ihm das Bajonett an die Brust und jagte ihm eine Kugel durch den Leib, wofür Füsilier Hermann als Rächer dem Dänen mit dem Kolben den Schädel einschlug. Probst, noch jung, hinterließ eine Braut, was den Anteil an seinem heldischen Ende erhöhte und seinem Andenken Verherrlichung in volkstümlichen Liedern eintrug. Dagegen genas der tapfere Hauptmann v. Salpius von seiner Wunde, und als seine verwaiste Kompagnie ihn beim Waffenstillstand wiedersah, brach sie in stürmisches Hurrah aus. Vielleicht wären die treuen Leute nicht so vergnügt gewesen, hätten sie Salpius' Ende geahnt: Selbstmord in Geistesstörung. Glücklicher wäre er gestorben auf dem Felde der Ehre. Wüßten die Sterblichen ihre Zukunft voraus, so würden sie Rettung aus Todesgefahr nicht immer als freundliche Schicksalsfügung betrachten. Das Schicksal hat seltsame Launen und meint es selten gut, spart den knapp Entronnenen nur ärgeren Übeln auf. — —

Gegen Schanze Zwei stürmten sechs Kompagnien Fünfunddreißiger, fünf Sechziger und eine ganze Pinonierkompagnie unterm Befehl des Major Fragstein v. Niemsdorff der Fünfunddreißiger. Dieser ungewöhnlichen Kraftentfaltung entsprach es, daß drei Schützenkompagnien vorausgingen. In Laufschritt und Dauerlauf unter unaufhörlichem Hurrah bewegte sich alles vor, doch kam dies entfesselte Sturmelement einen Augenblick zum Stehen. In Verteidigung dieser Schanze, deren emsige Thätigkeit sich seit lange eine Achtung der Belagerer erwarb, die sie offenbar durch besondere Stärke der Sturmkolonne nochmals an den Tag legten, teilte sich Artillerieleutnant Ancker, tageweise ablösend, bekanntlich mit Castenskjöld. (Hier trifft man endlich mal echt dänische Namen neben so vielen deutschen in höheren dänischen Kommandostellen.) Heut war Ancker an der Reihe, der sich sofort mit drei gut angebrachten Kartätschlagen und rollenden Salven meldete. Aus der Kommunikation zwischen Zwei und Drei sprühte ein Flankenfeuer, das infolge eines Umweg nördlich der Ausfallstufen die Stürmer in erhöhtem Maße belästigte. Dennoch überrannten nach drei Minuten unsere unwiderstehlichen Märker aus Brandenburg-Treuenbrietzen und Straußberg-Wrietzen alle Hindernisse. Letztere unter Hauptmann v. Leszczynski, einen kleinen Sumpf durchwatend und eine Strauchbarrikade überkletternd, eilten trotz verheerender Generalsalven in die Kommunikation und warfen mit der blanken Waffe drei dänische Kompagnien nieder, die auf einer Ausdehnung von vierhundert Schritt mit Kugel, Kolben und Bajonett wütend entgegentraten.

Artilleriekorporal Danielsen brachte aus Laufgraben zwischen Eins und zwei noch vier Kartätschschüsse an. Der schwedische Leutnant Knorring starb auf der Brustwehr, seinen Revolver abfeuernd. Mit Kapitän Grüner fiel ebenso schwedischer Leutnant Lundegren, Kompagniechef Jaeger ward nach bravem Kampf mit seinen Leuten entwaffnet. Letztere alle im Laufgraben zwischen Zwei und drei, wo ein Unterkorporal sein kartätschgeladenes Geschütz noch abfeuerte, als die feindlichen Bajonette schon über ihm waren.

Unteroffizier Reiß war der erste auf der Brustwehr und schlug wie ein Berserker um sich. Zwei Schüsse ins linke Schienbein warfen ihn nicht um, sondern er parierte, auf einem Beine stehend, einen nach ihm geführten Hieb und schlug seinen Gegner nieder. Fast gleichzeitig erschienen der Hauptmann und seine drei Offiziere auf der Brustwehr und nahmen am Handgemenge teil. Hier fiel Fähnrich de Convenent, Liebling der Kompagnie, einziges Kind einer Witwe. Neben schon erworbener Tapferkeitsmedaille traf ihn die Todeskugel mitten durchs junge Herz. Sei nun Gewandtheit oder Kraft des Norddeutschen allen Gegnern überlegen, hier wie im Handgemenge später mit Franzosen und Österreichern, erlitt die feindliche Übermacht eine völlige Niederlage. Sechzig dänische Leichen deckten den Boden, alle drei Kompagniefahnen entriß märkische Faust ihren Trägern, drei Offiziere hundertfünfzig Mann streckten um Gnade winselnd die Waffen. Vielleicht trug dazu bei, daß ein Schützenzug der dritten Kolonne in die Flanke kam, dessen Stärke man bisher überschätzte. So wichen die Trümmer auf ihrem hinter einem Knick stehende vierte Reservekompagnie. Die andere Schützenkompagnie der Sechziger unter Hauptmann Krähe griff einige Minuten später die Kommunikation zwischen Eins und Zwei an, zwei dortige feuernde Geschütze erbeutend und die Dänen herausschlagend. Die Sturmkompagnien machten auch noch drei Kartätschlagen durch und halfen der Schützenkompagnie Fünfunddreißiger, die einen wechselvollen Kampf bestand. Ihr Hauptmann v. Spieß und Premierleutnant v. Paworski drangen zuerst in die Schanze, wo das vordem in Brand geschossene Blockhaus immer noch schwälte, aber nur durch Opferthat eines schlichten Pioniers. Denn die Stürmenden standen anfangs vor den Palisaden, nirgends zeigte sich eine Öffnung. Der vorauseilende Pionierzug des Sekondeleutnants Diener, während Hauptmann Daun mit dem Gros der vierten Kompagnie Brandenburger Pionierbataillons folgte, konnte nicht nach Befehl dicht aufschließen, weil ein Teil zu schwer mit Gerätschaften bepackt, um mit den andern gleichen Schritt halten zu können. Auch stürzten die Vordersten blutend nieder. Als daher Lt. Diener vor der Palisadenverkleidung ankam, hatte er nur noch Unteroffizier Lademann, Gefreiten Siedschlag, Pioniere Kitto und Klinke bei der Hand. Siedschlag trug eine Axt, Kitto einen Pulversack, Klinke eine Lunte. Axtschläge hätten zu lange gedauert. Während die Schützen, am Grabenrand niedergeworfen, den Wallrand unter Feuer hielten, stieg daher Diener hinab und befahl, den Pulversack an die Palisadenwand zu legen, um das Werk sofort sturmfrei zu machen. Da trat Klinke vor: „Ich werde Luft schaffen, Herr Leutnant, besser einer als zehn.“ Damit setzte er den Pulversack dicht am Grabenrande nieder, umfaßte ihn mit beiden Händen, warf ihn an den Fuß der dicht um die Kontereskarpe starrenden Palisaden und mitten unter sie hinein, bewerkstelligte endlich Zündung des Granatzünders, indem er die Lunte hineinstieß. Ehe die hierbei Beschäftigten sich platt auf den Boden legen konnten, erfolgte die Explosion. Vier Palisaden zur Schanze umgebogen, flogen krachend nach der einen Seite, Klinke halbverbrannt nach der andern. Er selbst ward links, Diener rechts in den Graben geschleudert, dem Kitto das Gesicht leicht verbrannt. Mit verbrannter linker Hand, sonst unversehrt, erhob sich der tapfere Leutnant sofort, drängte und zwängte sich durch die Öffnung, welche herbeispringende Pioniere thorweit erbreiterten, und erklomm im Verein mit Mannschaften die Brustwehr.

Als Klinke aus dem Graben kletterte, erhielt er noch Schüsse durch Arm und Brust und gab gleich nachher seinen Geist auf, auf dem Fleck seiner Heldenthat an der gesprengten Lücke. Die Schützen hatten nun die Schanze, nahmen nach kurzer blutiger Gegenwehr von einem sichtbaren Teil der Besatzung die Bitte um Pardon entgegen, hielten sich aber nicht weiter auf, sondern wiesen diese Waffenstrecker an die nachfolgende Sturmkolonne und brausten wie Wind durch die Schanze hindurch, über die Kehlbrücke, erst vierhundert Schritt jenseits der Schanze haltmachend. Diese Pause benutzten die Dänen auf Anckers Zuruf, die Waffen wieder aufzugreifen, ihre schwache Wache zu verjagen und erneut die Brustwehr zu besetzen. Wahrscheinlich kam ihnen hierbei ein verborgen gebliebener Besatzungshaufe zu Hilfe, da Blockhaustrümmer und große Traversen rasche Übersicht im Schanzinnern unmöglich machten. Schnelle Salven empfingen die Sturmkompagnien. Korporal Nellemann sprang auf die Brustwehr, riß die nächste preußische Fahne herab und zerbrach sie auf seinem Knie. Auch eine soeben von neuen Stürmern aufgepflanzte wollte er ähnlich behandeln, als ein Schuß ihn tot niederstreckte. Tapfer focht Leutnant Grünwaldt fort. Am wütendsten hielten sich dreißig Kanoniere, bis zuletzt ihre Stücke bedienend. Als alles verloren, wollten sie noch das Geschütz vernageln, wurden aber während dieser Beschäftigung sämtlich niedergemacht.

Leutnant Ancker, breitschulterig, von mittlerer Größe, dessen frische kräftige Stimme und lebhafte Augen den Kampf belebten, ein Seefahrersohn alten Geblüts aus Bornholm, mußte sich umstellt ergeben. Dem Leutnant Schneider übergab er seinen Degen, zögernd, als ob er sich auf etwas besinne. Schneider vertrat ihm mit gespanntem Revolver den Weg, als Ancker naiverweise nach der Pulverkammer entschlüpfen wollte, um von dort noch etwas zu holen: „Herr Kamerad, keinen Schritt von der Stelle oder Sie sind des Todes.“ Ancker empfing später noch von Prinz Friedrich Karl die schmeichelhafte Ehrung: „Einem so tapfern Soldaten darf man seinen Degen nicht nehmen,“ doch fragt geschichtliche Wahrheit vergeblich, wodurch er so romantischen Nimbus verdient habe. Ein tüchtiger Soldat wie so viele, und er fiel nicht mal auf dem anvertrauten Posten. —

Einen gezogenen Zwölfpfünder, einen Achtzehn- und Vierundzwanzigpfünder hatten die opfertreuen Artilleristen wirklich vernagelt. Ein riesiges eisernes Geschützrohr, Vierundachtzigpfünder, lag mittendurchgebrochen in der Erde vergraben neben zwei zertrümmerten Lafetten. Die Eroberer fanden also nichts mehr vor, um aus den Schanzen gegen den Brückenkopf zu feuern. Doch richteten die Pioniere mühsam das Werk so ein, daß es haltbare Front nach Osten bekam. Mit Zurücklassung von zweihundert Fünfunddreißigern, die sich am Löschen des immer noch ab und zu flackernden Blockhauses beteiligten, fiel nun die zweite Sturmkolonne wie die erste gegen die Lunetten der zweiten Verteidigungsstellung aus. —

Schanzen Sieben, Acht, Neun kanonierten nun heftig die genommenen Schanzen Fünf und Sechs, gegen welche auch scharfes Gewehrfeuer aus den rückwärts gelegenen Laufgräben prasselte. Man deckte daher die Kehle mit Sandsäcken und räumte das Pulver weg, unter einen rasch gezimmerten Brückensteg am Graben, damit am Ende nicht noch Schanze und Eroberer mit dem Magazin in die Luft flogen. Etwa zwanzig Minuten nach zehn Uhr nahm man auch im Verein mit Westfalen der vierten Kolonne einen Batteriestand vor Schanze Sieben weg, der bisher viel schadete, und sicherte so den Besitz der Schanze. Mittlerweile räumten die Pioniere an der Chaussee auf, wo Barrikaden den Weg sperrten, gedeckt durch sogenannte spanische Reiter, deren Eisenarme in Form langer Messer oder spitzer Rundstäbe von Mannshöhe Faschinenmesser und sogar Kolbenschläge niederbogen. Hinter dem vordersten Astverhau von zehn Fuß Dicke gähnte eine Abgrabung der Chaussee von fünf Fuß Breite und fast vier Fuß Tiefe. Erst nach einer halben Stunde angestrengter Arbeit glückte es, einen fahrbaren Weg einzurichten.

Daß Schanze Vier viel später fiel, als alle andern angegriffenen Schanzen, hing mit der eigentümlichen Beschaffenheit ihrer Lage zusammen. Wenn Nr. Sechs die stärkste Redoute vorstellte, so bildete Nr. Vier den sonst örtlich stärksten Punkt der Linie. Denn der Weg zu ihr, fünfhundertzwölf Schritt von den Ausfallstufen, führte zwischen Nr. Drei und Fünf hindurch, wie in eine Sackgasse hinein. Sie besaß vierzehn Geschütze, in der Verbindung zu Fünf standen sechs andere, wovon vier bespannte Feldgeschütze. Auch massierten sich hinter ihr die ersten dänischen Reserven, während freilich die zweite Hauptreserve, sechs Bataillone der in und beim Brückenkopf lagernden beiden Brigaden, in Richtung auf Schanze Sieben veranlagt war. Weil man hier Hauptwiderstand voraussetzte, machte die deutsche Führung diese vierte Sturmkolonne so überstark. Hieraus folgte aber, daß man nicht dreizehn Kompagnien, Westfälische Pioniere inbegriffen, in der vordersten dritten Parallele unterbringen konnte, sie daher teilweise weiter rückwärts in der zweiten Parallele anhäufen mußte. Ferner kam hinzu, daß Schanzen Drei und Vier so nahelagen, daß hiedurch andererseits die Gefahr nahelag, man werde sie verwechseln und sich im Gelände verirren.

„Sie sehen zwei lange Sparren aus Barackentrümmern vorragen, das ist Schanze Vier. Vielleicht kommen wir in starkes Kartätschfeuer, doch gewichen wird nicht," gab Kompagniechef Wienand vorne die Parole aus, indes Pastor Müller den katholischen Westfalen Generalabsolution erteilte.

„Also, meine Herren, los auf jenen alleinstehenden Weidenbaum als Zwischenpunkt!" instruierte Oberst von Buddenbrock, der spätere bekannte Divisionär, die Offiziere seiner acht Kompagnien Münsterländer und Paderborner Dreiundfünfziger, vier Kompagnien Fünfundfünfziger Minden und Höxter. „Wir sind einschließlich Artilleristen 39 Züge hintereinander und brauchen mehrere Minuten zum Defilieren, was uns viel Leute kosten mag. Ich verlasse mich auf Ihre und der Leute Bravour, daß dabei keine Stockung vorkommt."

Er durfte es. Mit eiserner Todesverachtung stürmten die

Münsteraner der Kompagnien Boettge und Rothenbücher unter überaus mörderischem Feuer vor. Kartätschlagen prasselten rechts und links in die Erde. Bei der nachrückenden Arbeiterkompagnie fielen zwei Mann, kaum daß sie den Wall der Parallele überstiegen. Hauptmann Boettge fiel sofort nieder, zu Tode getroffen durch Zerschmetterung des linken Fußwurzelknochens, obschon erst spät in Bad Pyrmont von seinen Schmerzen erlöst, mit ihm dreißig Mann, alle tot oder schwerverwundet. Doch den linken Flügelzug führte Lt. Loebbecke, obschon selbst an der Stirne blutend, auf die entscheidende Stelle los, wo der Verbindungsgraben zu Schanze Fünf von Schanze vier auslief. Die andern Züge unter Leutnant v. Bönninghausen und Portepeefähnrich Wensing verfehlten hingegen die Richtung, schossen rechts vorbei und erstiegen Schanze Drei, welche sie durch heftiges Feuer anzog. Ein Erfolg an unrechtem Platze! Auch Kompagnie Rothenbücher fühlte sich gegen Schanze gedrängt, um vor dem Kugelhagel aus Schanze Vier auszubiegen, der ihren wackeren Führer schwerverwundet niederstreckte. Nicht besser erging es den Pionieren, deren Führer Schotte und v. Brodowski gleichfalls sich in ihrem Blute wälzten, und der Bretter und Säcke mitschleppenden Arbeiterkompagnie, an deren Spitze ihr Führer Wienand und Sekondeleutnant Speith sofort zu Boden stürzten. Wienand starb noch am selben Tage. Durch den Unterleib geschossen, bat er noch deutlich den weitereilenden Lt. Wirth: „Grüßt meine gute, liebe Frau!“

Alle diese Truppen und auch noch eine andere Sturmkompagnie irrten auf Schanze Drei ab, die heut zum drittenmal erstiegen wurde, indes ihre wirklichen Erstürmer schon weiter vorwärts drängten. Ja, auch noch drei andere Kompagnien unter Oberstleutnant v. Doering, dem späteren bei Vionville gefallenen General, folgten den Arbeitern und Pionieren in falscher Richtung. Umsonst suchte der hochbegabte Doering den Strom abzulenken, seine Stimme drang im Getöse nicht durch. Selbst Signale zu geben fiel schwer: einem Tambour die Trommel durchschossen, einem Hornisten das Horn. Erst hinter der zum viertenmal genommenen Schanze Drei vermochte er die Massen wieder zu ordnen und längs der Verbindungswerke von Drei und Vier das richtige Angriffsziel zu umgehen. Hier schlossen sich Leute vom Leibregiment unter Leut=

nant v. Brause, von den Posenern unterm verwundeten Hauptmann v. Hanstein an. In buntem Gewirr ergoß sich diese Sturmflut über die Verbindungswerke, zugleich Gewehrfeuer aus der eroberten Schanze Drei. Die Dänen wichen unter Belassung vieler Gefangenen und zweier Granatkanonen, von denen sie nur die eine noch vernageln konnten. Die andere, im Handumdrehen von Leuten des Leibregiments nach Osten gerichtet, sandte den Dänen dänische Granaten nach. Einen eroberten Danebrog trugen die Posener im Triumph einher. Der Anlauf geschah übrigens so ununterbrochen und atemraubend, daß hundert Schritt vor der Schanze viele Leute der Arbeiterkompagnie sich niederwarfen und totmatt vor Anstrengung stöhnten: „Erst mal ein bißchen rasten!" Sie schützten sich dabei mit ihren Säcken, die oft sechs Kugeln nacheinander auffingen. Einer rief munter: „Düwel, drei häff ik nu in mein Kissen inn! Wenn det so dran blieff, gifft'n hart Polster!" Beim Weiterspringen purzelten hier Manche über Cäsarpfählchen, auch ein Offizier, so daß seine Leute schrien: „O Gott! usse Leutnant is auk all verwundet."

Doch der zeigte ihnen, daß er lebte, wie denn überhaupt alle preußischen Offiziere heut ein glänzendes Beispiel gaben, immer ritterlich als Kämpen voraus. Durch vier abgehauene Palisaden zwängten sich hier die Westfalen hinein. Ein Offizier quetschte sich gerade zwischen zwei kugelzerfetzte Pfähle, als ein Granatsplitter die nächsten neben ihm demolierte und ein Däne von der Schanzseite aus mit quergefaßtem Gewehr auf ihn zustürmte. Doch als ihm der Offizier nach dem Halse griff, ließ er die Flinte fallen und stammelte Pardon.

Ehe alle hier vereinten Teile von rechts in Schanze Vier hineinfuhren, wo sie erst später zwei auf Schanze Drei wehende Fahnen der Münsterländer aufpflanzen konnten, gelangten die fünf Reservekompagnien unter persönlicher Leitung Oberst v. Buddenbrocks frontal bis zum Graben. Auch ihnen verursachte das Vorbrechen harte Verluste. Ihr Gesamtführer Hauptmann v. Rosenzweig sank verwundet, feuerte aber liegend seine Leute an. Obschon Lt. Kehl und viele Füsiliere verwundet, stürmten die zähen Westfalen weiter, nachdem Buddenbrock mit besonderer Umsicht und Ruhe ein nochmaliges Verirren nach rechts abgewendet, den Strom gestaut und ihn mehr nach links hinübergezwungen hatte. Man hatte es kommen sehen, daß man noch durch mehrere Kartätschlagen hindurch mußte. Auch trat die tapfere Besatzung auf die Schanzkrone und beschoß anhaltend den Graben, welchen zudem jene sechs Feldgeschütze der Kommunikation zu Schanze Fünf der Länge nach bestrichen. Doch nichts hielt die Westfalen auf, obschon sie unversehrte Palisaden durchschlagen mußten. „Bajonett auf!“ dies Kommando verstanden sie gar zu gut. „Vorwärts, Hannemann 'raus!“ brach ein wahres Sturmgebrüll los. Zuerst erklommen die Brustwehr drei Premierleutnants und die beiden blutjungen Sekondeleutnants Karlen und Koppenrath. Ja, die Westfälinger sind tüchtige Kerle und haben einen harten Kopp! Doch als sie auf Sandhaufen, Traversen und halb eingestürztes Blockhaus niedersahen, wo ein kurzer entschlossener Widerstand bald zu Ende ging, entdeckten sie schon andere Landsleute drüben auf der linken Seite: vor ihnen war der tapfere Leutnant Loebbecke, obschon zum zweitenmal an linker Hand verwundet, der Erste in der Schanze mit seinem Zuge. Über fußdicke Balken des Blockhauses, wie Kienstäbchen zerspellt am Boden, stolperte er vorwärts. Wütend warf sich ihm Bataillonschef Kapitän Lundbye, Kommandeur der Schanze, entgegen, persönlich packte er den kernig vorausspringenden Musketier Testront und wirkte ihn an Brust und Kehle, doch Sergeant Grotthus schlug ihn mit dem Kolben tot. Unteroffizier Grote von den Pionieren, der sich bei Loebbecke befand, entfaltete die erste Fahne auf der Brustwehr. Fast gleichzeitig trug ein polnischer Füsilier der dritten Kolonne eine Fahne auf Schanze Vier, als wolle man den wackeren Westfalen ihren so teuer erkauften Sieg nicht gönnen.

Die dänische Verteidigung verdient auch in dieser Schanze volle Anerkennung. Artillerieleutnant Crone lud selbst das letzte Geschütz und wehrte sich noch, blutend am Boden liegend, als ein preußischer Offizier ihm den Degen abverlangte: „Herr Kamerad, Sie thaten mehr als Ihre Pflicht!“

Kapitän Lundbye vom zweiten Bataillon zweiten Regiments setzte sich hier im Gedächtnis seines Volkes ein Denkmal der Pflichttreue, vielleicht mit mehr Recht als der legendär überschätzte Ancker. Ehe er den Heldentod starb, wandte er alles auf, Reserven von rückwärts herbeizurufen, doch diese flohen schon im freien Felde, vom Leibregiment zersprengt. Das Geraufe ging noch eine Weile fort. Offiziere verloren in drangvoller Enge Degenkoppel und Scheide, Tambours ihre Stöcke und schlugen Sturmmarsch mit Palisadensplittern. Leutnants Gjörup und Akerhjelm wollten sich nicht ergeben, die Kanoniere schlugen jeden Pardon aus und ließen sich an ihren Stücken erschlagen. Doch die andern warfen endlich ihre Waffen fort und verschmähten nicht Bitte ums liebe Leben auf Gnade und Ungnade. Nur der schon verwundete Akerhjelm, ein Schwede, hieb in Berserkerwut noch um sich, nachdem er selber eine Büchse aufgriff und wie ein Gemeiner schoß.

„Schont den Braven!" riefen ritterliche Offiziere, und als der Zuruf nicht wirkte, sprang einer vor und riß den feindlichen Kameraden aus dem Getümmel. Ein Artillerieoffizier und drei Unteroffiziere lagen starr und tot unter einem großen eisernen Geschützrohr, das ein Schuß mittendurch brach. Der granatdurchpflügte Thonboden zeigte Löcher, wie man sie zum Pflanzen großer Bäume auswirft. Hier pflanzte man nichts als Tod!

Der später als Batteriechef bei Vionville so bekanntgewordene und bei Le Mans gefallenene Artillerieleutnant Stöphasius eilte noch rechtzeitig in die Pulverkammer, wo er ein brennendes Licht freistehend fand, alle Kasten und Kisten geöffnet, Zündschnur daneben. Auch Lt. Schilgen fand eine brennende Kerze in einem Munitionsraum. Doch wird unaufgeklärt bleiben, ob wirklich Lundbyes Absicht vorlag, sich mit Freund und Feind in die Luft zu sprengen, dies dunkle Geheimnis nahm er mit ins Grab. Ehre dem Andenken eines mannhaften Kriegers, bis zum Tode getreu!

Nun trat endlich Ruhe ein. Was sich nicht gleich entwaffnen ließ, lag niedergemacht umher, die Bediener bei den Kanonen. Förmliche Blutlachen schwammen in der Schanze. Münstersche Füsiliere schwangen jubelnd einen erbeuteten Danebrog. „Füsiliere, ihr habt genug gethan," rief Buddenbrock der Arbeiterkompagnie zu, „ihr bleibt hier zur Besetzung. Nehmt gute Deckung, der böse Rolf wird gleich da sein!" Kaum sprach er's, als draußen vom Meere her ein Kartätschhagel heranbrauste und auf mehrere verwundend niederging. Es war der Augenblick, wo Rolf Krake sich einmischte. Seine Schüsse, über deren Wirkung sich der Schiffskapitän selber nicht klar war, haben aber thatsächlich so weit nach der Mitte zu gereicht. Ferner ergiebt sich dies Zeitdatum, daß erst vor dreiviertelelf Uhr die Kampfwogen sich hier endlich klärten und glätteten, denn ungefähr um diese Zeit begann das Geschieße vom Meere her. Irriger Bericht eines Mitkämpfers, erst dreiviertelelf Uhr habe die erste Fahne auf Schanze Vier geweht, läßt sich nur so erklären.

Während zwei Bataillone in der Schanze blieben, waren die vordersten nicht zu halten und wollten helfen noch andere Schanzen erobern. Insbesondere schwärmte die am meisten gelichtete erste Kompagnie Böttge der Münsteraner unter Loebbeckes Befehl nochmals aus. Verfolgung auf Düppelmühle begann, sobald überall die Reservekompagnien der Kolonnen das Vordertreffen erreichten.

Bei diesem Vorgehen, das auch Oberstleutnant Dreyer gefangen in preußische Hände brachte, erhielt Loebbecke noch eine dritte Wunde, die ihn endlich niederwarf, und dafür den Pour-le-Merite. Neben ihm fiel in den Tod ein einjährigfreiwilliger Unteroffizier, Karl Maria Rintelen, Doktor Philosophiae, historischer Wissenschaft beflissen, von Waitz als hoffnungsvoller Forscher eingeführt. Eine Kugel durch die Stirn, setzte dem strebsamen jungen Philologen für immer ein Ziel.

Kompagnie Böttge verlor am meisten von allen beim Düppelsturm: zwei Offiziere achtundvierzig Mann, während die nächstbetroffene neunte Leibregiments nur dreiundvierzig Köpfe einschließlich Offiziere einbüßte. Aber als man einen dieser Loebbeckeschen Unverwüstlichen schwerverwundet vom Lazarettwagen hob, grinste er unverzagt einen tröstenden Flensburger Bürger an: „Weh deit et höllisch, aber et war doch skön!“

Von allen sechs Schanzen her übertönte jetzt ein Triumphgebrüll: „Hannemann 'raus, Hannemann heraus!“ das Ächzen und Jammern der Verwundeten. Nicht lange darauf rasselten Geschützräder in schneller Fahrt bis vor die Schanzen. Sobald die vier im Rückhalt wartenden Feldbatterien die preußischen Farben auf den Wällen sahen, ging's im Galopp heran. Bei Schanze Vier halfen Füsilierfäuste vier gezogene Zwölfpfünder

hinaufziehen unter lautem Hurrah. Bald darauf erschien hier zu Fuß General Manstein selber, weil er zu Pferd im granatendurchwühlten Gelände nicht fortkommen konnte, trat zwischen die Leute und brachte nach kurzer Ansprache ein dreifaches Lebehoch auf den allergnädigsten Kriegsherrn aus, wie man nach preußischer Sitte immer patriotisches Hochgefühl mit Standesroyalismus zu verquicken liebt. Auch Musikdirektor Piefke ließ sich nicht nehmen, nachdem er das Sichtbarwerden schwarzweißer Fahnen auf den Schanzzinnen mit dreimaligem Tusch begrüßt, das ‚Heil dir im Siegerkranz' anzustimmen. —

„19 Minuten nach 10!" stellte ein Offizier nach der Uhr fest, als die erste Sturmfahne über Schanze Vier emporstieg. Doch die Gesamtaktion währte wohl mindestens dreißig Minuten. Denn von Schanze vier fiel noch ein Kanonenschuß, als schon Reserven der dritten Kolonne hier ganz nahe heran kamen. Um diese Zeit tobte bereits weiter vorne rechts und links seit lange ein heißes Ringen, dessen Früchte die Besieger von Schanze Vier unmittelbar darauf vor Augen sahen. Denn schon vor einer Viertelstunde waren ja weit links von ihnen die Garden Meister von Schanze

Sechs und gingen auf der Stelle zum Sturm auf Schanze Sieben über, deren Feuer man äußerst lästig empfand und ohne deren Besitz auch Schanze Sechs nicht gesichert schien. Und nicht viel später fielen rechts die Schanzen Eins, Drei, Zwei nacheinander, so daß deren Erstürmer sich schon lange gegen das rückwärtige Retranchement der Lünetten A, B, C, D wendeten. Übrigens gerieten die Reserven der dritten Kolonne in die vierte hinein, so rasch, daß sie den vordrängenden Westfalen unmittelbar dicht auf dem Fuße folgte, und dieser ganze Strom rauschte nun nach Düppelmühle weiter. Übrigens trafen revidierende Unteroffiziere fünf von vierzehn Geschützen der Schanze Vier noch unvernagelt und stellten dieselben sofort nach Osten auf, vermochten aber nicht zu schießen, weil die eigenen Truppen hart am Feinde waren, mit ihm untermischt und handgemein. Doch bot nunmehr, nachdem mittags die Pioniere eine Rampe nach der Chaussee hin legten und man von dort jene vier Zwölfpfünder herbeischaffte, die wichtige Schanze einen haltbaren Stützpunkt für die ostwärts gegen den Brückenkopf vorstrebenden Truppen. —

Die ganze sechste Sturmkolonne, nach Besitzergreifung der großen Redoute Sechs auf einer Hügelwelle hinter dem Verbindungswerk zwischen Schanze Fünf und Sechs zusammenschließend, erlitt sofort herbe Einbuße. In Hüfte und Unterleib getroffen, stürzte der ausgezeichnete Führer Major v. Beeren, als er sich östlich in einer tief eingeschnittenen Bodensenke zu seinen Reservekompagnien begab. Bereits als Stabschef der Brigade Graf Baudissin bei Gudsö und Idstedt im Holsteiner Freiheitskriege fechtend, dann als Sekondeleutnant ins preußische Heer zurückgetreten, doch schnell von Stufe zu Stufe gestiegen, schon fast zwei Tage vor dem Sturm mit den Schwertern des roten Adlers dekoriert, brach er hier mit dem schönen Bekenntnis zusammen: „So sterb' ich denn für Schleswig-Holstein!"

Noch wiederhallte das Hurrah, das er soeben schneidig vor der Mannschaft ausgebracht, als seine Stimme für immer erstarb. Sein Adjutant Lt. v. Falkenstein sprang herzu und trug ihn nach Schanze Sechs zurück, wo er alsbald verschied. Kurz darauf fiel Hauptmann Fritz v. Stwolinski, der gestern an heftigem Erkältungsfieber darnierlag, doch am Ehrentag seiner Elisabether nicht fehlen wollte. Ebenso fiel Lt. v. Negelein. Doch Lt. v. Buddenbrock führte die verwaiste Truppe mitten durch volle Schußlinie der feindlichen Schanzen und Verbindungsgräben den Schanzwall hinan, Hauptmann v. Gliczczynski schwenkte rechts ab und erstürmte die Kehlseite. Fast damit zusammenfallend erstieg westfälischer Leutnant Cerlen mit gesammelten Westfalen und Brandenburgern dritter und vierter Sturmsäule linke Flanke von Schanze Sieben.

Besatzung floh, nur zwanzig Dänen mit Sergeant Ditmar wehrten sich längere Zeit in einer mit Erde bekleideten Baracke an der rechten Ecke. Sie und fünfzig Mann hinter der Schanze, von Cerlen abgeschnitten, wanderten in Gefangenschaft. Zwei Geschütze hatten noch fünfzehn Schuß gelöst, ihr Befehliger sowie zwei Leutnants lagen schon am Boden. Es ging auf halbelf Uhr, als hier die Fahne der Sieger wehte. Was nach Schanze Acht floh, verfolgte man bis in das Verbindungswerk, das bald geräumt wurde.

Ein kleiner Kadett, der soeben als Fähnrich aus dem Korps kam, machte den Sturm noch in Kadettenuniform mit und sah mit Stolz sein Knabenblut fließen. So erzählten nachher die Zeitungen, immer jedem Vorurteil schmeichelnd. Doch ob vornehmer Kadett oder gemeiner Bauernbursch, diese jungen preußischen Soldaten thaten alle gleichmäßig ihre Schuldigkeit vom Höchsten bis zum Geringsten, die Garden nicht mehr als die Linie.

Daß erst genau halbelf Uhr Schanze Sieben erstiegen sein sollte, wie die Berichte melden, scheint unglaubhaft, da sich die Ereignisse doch hier wie im Fluge drängten und sich Wegnahme von „Sieben" ziemlich unmittelbar an Wegnahme von „Sechs" anschloß. Es dürfte also sicher vor halbelf Uhr geschehen sein. Andererseits giebt Mitwirkung des Trupps Cerlen, da er sofort nach Ersteigung von „Vier" links hinüberstürmte, den deutlichen Beweis, daß Schanze Vier auch erst gegen halbelf Uhr endgültig in deutschem Besitz blieb.

Im Laufgraben nördlich von Schanze Sechs hielt sich schwedischer Leutnant Holmertz mit einer Halbkompagnie noch lange, obschon seine Unterführer Sergeant Sauermilch und Landwehrkorporal Nielsen gleich fielen und er in seiner Zwischenlage von Freund und Feind beschossen wurde. Erst jetzt, nach Fall von Schanze Sieben umzingelt, kapitulierte er. Eine Reserve-kompagnie der Zweier am Flensburger Weg wich erst auf Düppel-mühle, nachdem ihre beiden Leutnants den Heldentod starben. Die andere unter Sekondeleutnant Holst schoß sich hinter Schanze Sieben und Acht in einem Hohlweg mit der Übermacht herum, bis überall Flankenumgehung drohte. Dann fiel er auf die vor-rückende achte Brigade zurück und machte deren Angriff mit. Er und Adjutant Ronnow, die letzten Offiziere, brachten erst dann den schwachen Regimentsrest nach Alsen in Sicherheit.

Auf dem Weg zu den Schanzen drängte sich dem General v. Manstein die Überzeugung auf, er müsse sofort seine Reserve-brigaden nachrücken lassen. Die Sturmkolonnen schwächten sich bedeutend durch nötige Besatzung der eroberten Werke, erlitten auch schon beträchtlichen Verlust. Spottwohlfeil erkaufte nur die erste Kolonne ihren Sieg, da sie nur fünfundfünfzig Köpfe, davon nur sieben tot, verlor. Nächst ihr verlor die sechste doch noch am wenigsten: hundertvierunddreißig Köpfe einschließlich sieben Offiziere. Die fünfte und dritte Kolonne verloren gleich viel Mannschaft: hundertachtunddreißig, wovon bei der fünften achtundzwanzig Tote, die fünfte aber nur drei Offiziere, die dritte zehn. Die vierte büßte gar elf Offiziere hundertachtundfünfzig Mann, die zweite vollends hundertachtzig Köpfe ein, worunter seltsamerweise, wie auch bei der ersten, kein Offizier, wenigstens beim Sturme, ver-wundet zu sein scheint, davon fünfunddreißig Tote. Das Ringen gegen Leutnant Ancker und Kapitän Lundbye kostete also anscheinend die meisten Opfer. Ein ansehnlicher Teil derselben entfiel aber, worauf amtliche Berichte nicht ausdrücklich hinwiesen, auf den Kampf, in welchen sich nunmehr zwei Vorderkompagnien der ersten, mehrere Trupps, eine Kompagnie und vier Reservekompagnien der zweiten, mehrere Züge der dritten, sowie etwa zwei Kompagnien der vierten an der zweiten Verteidigungslinie verwickelten.

Da Manstein schon vor halbelf Uhr den Befehl ausgab, Brigade Canstein, in die dritte Parallele eingerückt, solle die im ganzen nicht viel mehr als zweieinhalb Bataillone um-fassenden Vorderabteilungen im Ringen um die Lünetten unter-stützen, so traten mehr als vier frische Bataillone dort auf ver-schiedenen Punkten gleichzeitig einem starken dänischen Gegenstoß entgegen. Letzterer soll nach preußischer Anschauung schon gleich nach halbelf Uhr erfolgt sein, etwa zehn Minuten vor dreiviertelelf, als man sich also eben erst in Schanze Vier endgültig festsetzte. Es liegt aber in der Natur der Dinge, daß hier ein Irrtum obwaltet und erst kurz vor elf Uhr der dänische Vorstoß begann. Zu eben diesem Zeitpunkt erging auch gleicher Befehl an Brigade Raven, sich gegen jene noch ungenommenen drei Schanzen der dänischen Rechten zu wenden und auch diese Sperre zu beseitigen.

Hauptmann v. Reinhardt ging so hitzig längs der Küste vor, indem er dem dortigen Weg des Laufgrabens folgte, daß ihm sein Vorgesetzter melden ließ, er solle sein vereinzeltes Nachdrängen mäßigen. Indessen gelangte schon Hauptmann v. Wolfradt kampflos in Besitz der Lünette A, deren flachen Graben und unerhebliche Wolfsgruben er leicht durchschritt und dort drei schwere Kanonen erbeutete. Es war ein förmlicher Überfall. Einige dänische Posten griff man auf, wo sie in Erdlöchern ein Mittagsschläfchen hielten, um sich von der Alarmierung des Frühmorgens zu erholen. Die Preußen schlafen nicht und scharf schießen die Preußen, merkte der völlig überraschte Feind, der sich überall nach wenigen Schüssen zurückzog. Zwar suchte er noch manchen Knick zu halten, doch das Flankenfeuer dieser versehenen Spitzen der ersten Kolonne machte auch längeren Widerstand gegen den Hauptmann Krähe unmöglich, der mit Truppen der zweiten Kolonne anrückte und sich bald durch Reserven verstärkt sah. Sechste Kompagnie zweiundzwanzigsten Regiments nebst Resten Schanzbesatzung floh zersprengt, während neunte Kompagnie Sechziger Lünette B samt drei Geschützen wegnahm und zwei Züge Posener auch Lünette C nach kurzem Schützengefecht ohne Weiteres durchschritten. Als der leichtverwundete Hauptmann v. Freyburg hier ein paar Mann zur Bajonettattacke sammelte, riß der Gegner schon aus. Dreihundert Schritt weiter östlich auf einem Wiesenstreifen winkte ein abgebranntes Gehöft als Deckungs- und Ruhepunkt, dort setzten sich die meisten vorgeprallten Abteilungen fest.

Zwölfte Kompagnie Fünfunddreißiger brach durch die Verbindungswerke nördlich von Schanze Zwei und fiel hier auf dritte Kompagnie dänischer Zweiundzwanziger, die zweihundert Schritt dahinter in Reserve stand. Sie ließ bald viele Tote und Verwundete auf dem Platze, fünfzig Gefangene in Hand der Sieger. Auch hier sank Bataillonschef Jensen, durchs Bein geschossen, mit ihm sein Adjutant, wie denn die dänischen Führer sich überall opferten. Den Brigadekommandeur Oberst Lasson selber, der beim ersten Alarm aus seinem Quartier herbeieilte, traf etwas später die Todeskugel, als er eben das Soutien zum Ausharren anfeuerte. Ein ernster Kriegsmann mit Habichtsnase und gekrümmt mondförmig herunterhängendem Türkenschnauzbart, lag er als Leiche da neben seinem treuen Adjutanten Hansen. Falkenskjöld, leicht angeschossen wie sein Kollege Dreyer, mußte wie dieser sich grollend ergeben.

Die nämliche Kompagnie Fünfunddreißiger stieß noch östlicher, dreihundert Schritt von Lünette C, auf ein Erlengebüsch, aus welchem Kugeln pfiffen. Auch hier vertrieb sie den Feind und belegte einen jenseitigen Knick. In diesem Augenblick kam eine schwache feindliche Kolonne vom Barackenlager her, wahrscheinlich irgend eine noch frische Halbkompagnie Lassons oder dergleichen. Möglichenfalls wieder jene dritte Kompagnie, die vielleicht erst hier ihren Hauptverlust hatte, wobei Lasson fiel. Mit Hurrah entgegengehen und sie verdrängen war das Werk eines Augenblicks. Hauptmann v. Kameke blieb hier verwundet im Feuer, hatte aber nach Absendung eines Gefangenenrudels unter entsprechender Bewachung nur noch sechzig Gemeine bei sich und wich daher bis hinter einen verlassenen Schützengraben westlich der Horlücker Schmiede, als stärkere feindliche Kräfte gegen ihn drückten. Hier gesellte sich ein Zug der elften Kompagnie zu ihm und unterm Schnellfeuer der Hinterlader zerstoben die Dänen, nicht ohne dem Hauptmann ein zweites und diesmal tötliches Kugelloch in den Leib gebohrt zu haben. Elfte Kompagnie Fünfunddreißiger kam mittlerweile auf gleiche Höhe und warf sich südlich der Lünette D an einem östlich davor hingelagerten Knick in Schützenstellung. Inzwischen fanden Trupps vom Leibregiment unter den Leutnants Karstedt und v. Rabenau auch Lünette D samt ihren nördlich und südlich auslaufenden Verbindungsgräben bereits verlassen, ihre vier Geschütze gelangten ebensowenig zum Schuß wie die zwei in Lunette C. Jetzt sah man vor sich die halbzerstörte Düppelmühle, deren Fundament und Nebengehöft noch aufrecht standen. Hier entspann sich ein ziemlich scharfes Gefecht, wobei die damals noch gehaltene Schanze Sieben mitwirkte. Die verwundeten Hauptleute v. Hanstein und v. Freyburg der Posener verstärkten mit einigen Trupps den Angriff auf das Mühlengehöft, in welchen auch achtzehn Westfalen des Leutnants Loebbecke, sowie später andere Reste der heldenmütigen ersten Kompagnie Dreiundfünfziger eingriffen. Einige andere Trupps Westfalen unter Leutnant Benkendorf folgten dem Leutnant Kerlen, als dieser auf Schanze Sieben abbog. Die deutsche Schlachtlinie erwies sich also in der Mitte bei Düppelmühle äußerst schwach und von der fünften Kolonne hatte sie keine Hilfe zu erwarten, ebensowenig von der sechsten, da diese sich begnügen mußten, die genommenen Werke innezuhalten und unter höchstgesteigertem Flankenfeuer der drei Nordschanzen das Vorgelände nicht durchschreiten durften.

Dies war der Augenblick, wo der dänische Divisionskommandeur General du Plat, der heut im Sundewitt befehligte, zu kräftigen Gegenstößen überging. Die Reste der ganz zerschlagenen und bis zur Vernichtung aufgelösten Brigade Lasson sammelten sich in trümmerhaftem Zustand erst hinter Düppelmühle. Viele Offiziere, beide Regimentskommandeure, viele hundert Unverwundete gefangen, der Hauptkern tot und verwundet. Das Zweiundzwanzigste Regiment verlor angeblich dreiundzwanzig Offiziere, achthundertvierundneunzig Unteroffiziere und Gemeine, das zweite auch sechzehn Offiziere, achthundertachtundsechzig Mann. Doch werden diese Angaben heut anderweitig ergänzt, insofern von Dreyers Regiment allein sechshundert Unverwundete mit sieben Offizieren gefangen, nur dreihundertzwanzig tot, verwundet, vermißt nebst neun Offizieren. Den Zweiundzwanzigern erging es noch schlimmer. Denn hier waren zehn Offiziere gefangen, aber dreizehn tot und verwundet mit ein Viertel der Mannschaft. Nur zwei Sekondeleutnants blieben übrig, der eine führte anfangs nur hundertsechzig Mann nach Alsen zurück. Jedenfalls war die mit Zwölfhundert heut ausgerückte Truppe gänzlich zersprengt. Es war also das Ringen um die drei südlichsten Schanzen am verlustreichsten gewesen oder dadurch geworden, daß hier die Verfolgung am hitzigsten weitertobte. Deutscherseits fiel umgekehrt bei einem Gesamtverlust von rund dreißig Offizieren achthundert Mann die etwas größere Hälfte von neunzehn Offizieren vierhundertdreißig Mann auf die nördlicheren Schanzstürme, auch hier sind aber einige spätere Verluste sechster Kolonne inbegriffen. Beim Verlust Lassons muß gleichfalls berücksichtigt werden, daß er nicht nur in den Schanzen, sondern auch beim Gefecht an der Lünettenstellung eintrat. So auch bei den Preußen.

Umsonst rechnete die dänische Leitung darauf, daß die rückwärts gestaffelten Reserven sofort Kunde vom Angriffsbeginn erhalten würden. Der Wind stand so ungünstig, daß man von den verabredeten Signalen gar nichts, vom Gewehrknattern wenig hörte. Erst um halbelf Uhr empfing General du Plat in seinem Stabsquartier am Brückenkopf die erschütternde Nachricht. Merkwürdigerweise vernahm man auf Alsen das schärfer werdende Feuer schon früher, so daß der Höchstkommandierende General Gerlach, noch ehe im Pfarrhof von Ulkebüll das Telegramm du Plats einging, die Truppen auf der Insel alarmieren ließ und selbst mit seinem Stabe nach dem Sundewitt aufbrach. Als aber nun das Alarmsignal rückwärts am Brückenkopf alle Dänen Mann für Mann auf die Beine brachte und zweite Brigade Kauffmann achte Brigade Scharffenberg sofort unters Gewehr traten, eilte du Plat nach rascher Befehlsausgabe an die Brigadestäbe nach der Chaussee vor. Ein Blick genügte, ihm traurige Gewißheit zu geben, daß er angesichts immer neu hervorquellender Feindesmassen auf jede Wiedernahme der Schanzen verzichten müsse.

„Wenn wir den Feind südlich der Chaussee nicht aufhalten, so wird die dritte Brigade in den Nordschanzen abgeschnitten," äußerte er sich tiefbekümmert. „Sie steht um viele Hundert Schritt vorwärts unserer Linken, ist schon überall vom Feind überhöht. Sie wäre ohne Rettung verloren, müßte in den Schanzen kapitulieren oder würde an den Sund gedrängt. Ich disponiere daher, daß die achte Brigade auf Düppelmühle vorstößt, um der dritten Zeit zum Abzug zu gewinnen. Drei Bataillone der zweiten bleiben im Brückenkopf." Indem er an Oberst Wörishöffer gemessenen Befehl zu sofortigem Rückzug sandte, ließ er das neunte Regiment unter Oberstleutnant Tersling auf der Chaussee vom früheren Barackenlager vorgehen, zwanzigstes Regiment unter Oberstleutnant Scholten gegen Lünetten A und B vom Biwakplatz südöstlich jenes zerstörten Barackenlagers. Brigadechef Scharffenberg traf sofort, kaum daß die Brigade formiert stand, entschiedenste Maßregeln.

„Alle sechzehn Kompagnien sollen sich nacheinander in einer Linie entwickeln. Und zwar rechts der Chaussee II 9, links der Chaussee I 20 in Kompagniekolonnen, so daß es mit II 9 sich berührte. I 9 und II 20 schwenken später im Verlauf des Entwickelns in der Mitte ein," ließ er sich vernehmen. Die Hörner bliesen, der Angriff begann. Mit anerkennenswerter Hingebung gliederten sich alle Waffenfähigen der Brigade Lasson an, sozusagen nur noch Skelette der noch kurz zuvor so lebenskräftigen Truppe. „Hier zweite und fünfte Kompagnie zweiten Regiments! Wir sind noch ganz gefechtsfähig!" meldete sich der einzige ziemlich intakte Teil der gesprengten Brigade beim Kommandeur des neunten Regiments und ging mit Oberstleutnant Tersling sofort vor.

Daß man das Retranchement der zweiten Verschanzungslinie unbesetzt ließ und nur geworfene Schanzbesatzungen hier Zuflucht suchten, nahm dem bereits unerläßlichen Rückzug jede Ruhe und Freiheit. Daß schon um viertelelf Uhr die Preußen diese zweite Linie durchbrochen haben sollen, scheint freilich ein Zeitirrtum. Damals tobte noch lange der Kampf um Schanze Vier und ein Blick auf die Karte lehrt, daß sämtliche dahinter zusammengeballte Truppen abgeschnitten worden wären, falls die Lünetten bereits den Preußen gehörten. Da dies nicht stattfand, wird man jenes Ereignis mindestens um eine Viertelstunde hinausrücken müssen.

Der ritterliche Kommandeur siebzehnten Regiments, Oberst Bernstorff, wankte tötlich verwundet, nur zwanzig Schritt vorm Feind, als er Kompagnie Dameck zur Wiedereroberung von Schanze Sieben vorführen wollte. Als sein Adjutant Borck sich zu ihm beugte, flüsterte er: „Geh' zu Kapitän Lund, er soll das Kommando übernehmen!" „Zuerst muß meinem Obersten helfen!"

Aber Bernstorff wiederholte mit fester Bestimmtheit den Befehl und brach dann zusammen. Bataillonschef Lund zog sogleich drei Kompagnien herbei, doch die Sturmflut der Sieger ging über sie hinweg. Zwei Leutnants gefangen, zwei andere verwundet, doch hielt der Gegenstoß wenigstens den Gegner auf und vorläufig ab, auch die drei Nordschanzen sofort anzufallen.

Kaum brachte du Plats Adjutant Nysted die Ordre, als

Brigadier Scharffenberg, von Brohövd sogleich zur Stelle, das zwanzigste Regiment vorschob, dann das nördlicher stehende neunte. Des ersteren Vorderkompagnie, wo Kapitän Harald Stockfleth kernige kurze Ansprache hielt, brach unverzüglich nach Lünette C vor, Bataillonschef Major Schack entwickelte bald darauf seinen Hauptteil, indes Kompagnie Petersen zweiten Bataillons das Gehöft Sney besetzte und Major Sperling mit zwei andern Kompagnien folgte. Die vierte blieb auf Scharffenbergs Ordre als Reserve nahe dem Ufer stehen. Fast dreitausend Schritt umspannte diese Angriffskette.

Man sah in diesem Augenblick noch Brigadechef Lasson an einer nahen Hecke vorwärts winken. Als jedoch Kapitän Stockfleth und Regimentsadjutant Baumann bis hierher vordrangen, fanden sie den Oberst schon entseelt auf blutiger Erde. Da man dort Kreuzfeuer erhielt, übersprangen die Offiziere rasch den Knick und rissen die Mannschaft weit vor. Dem Bataillonschef Schack zerbrach jetzt Granate Arme und Rippen, so daß er an der Wunde starb. Leutnant Baumann schwang auf kleiner flacher Anhöhe vor den Schützenlinien eine Fahne als Richtzeichen und ließ zum Sturm blasen, doch der Hornist verstummte bald für immer, die Fahnenstange zersplitterte in seiner Hand und der Stumpf entfiel ihr. Fähnrich Prior stürzte getroffen: „Gott helf mir!“ „Das wird er auch, mein Jungchen!“ tröstete Kapitän Stockfleth wohlwollend, sich über ihn beugend. Da traf ihn selber Todeskugel.

Dem mutigen Andrang des Leutnants Louis v. Rabenau mit Füsilieren vom Leibregiment gelang es bereits, Mühle und Mühlengehöft mit stürmender Hand zu nehmen. Allein, als er bis zu einem südöstlichen Knick verfolgte, traf den erst vierundzwanzigjährigen Jüngling eine Gewehrkugel tötlich durch Schulter und Brust, viele seiner Leute fielen und eben jetzt setzte der Vorstoß ein. Diesem Leutnant noch mehr als dem gefallenen Hauptmann von Kameke, auf den nachher amtlich alles Verdienst gehäuft wurde, gehört das Verdienst, durch unermüdliches Vorwärts die Dänen schon sofort über alle Punkte weggejagt zu haben, wo sie noch gute Stützpunkte hatten. Insbesondere Behauptung der Düppelmühle, deren Wegnahme General von Cansteins Rapport irrigerweise seinem eigenen Hauptmann Lindow zusprach, gab den Ausschlag. Die hier vereinten durcheinandergewürfelten Haufen, insbesondere Posener, hielten diesen gewonnenen Posten auch dann, als erste und zweite Kompagnie neunten dänischen Regiments stürmisch anliefen. Ihre beiden Führer, Premierleutnant Redstedt und Kapitän Knauer, fielen. Der Angriff drang nicht durch. Nördlich der Chaussee war das neunte Regiment glücklicher, indem es sich bis zu den sogenannten Düppelsteinen und einigen niedergebrannten Gebäuden vorschob. Von hier gelang es ihm aber nicht, an Schanze Sieben heranzukommen. Im Ganzen gewannen die Dänen gleichwohl viele hundert Schritt Boden, obschon dänische Angabe, man habe die Preußen sechs- bis achthundert Schritt zurückgeworfen, wohl übertrieben sein dürfte. Dann wäre die allseits umschlossene Düppelmühle kaum mehr zu halten gewesen.

Jedenfalls avancierte besonders das zwanzigste Regiment mit ausgezeichneter Tapferkeit, man kann es nicht anders sagen. Vor drei Tagen erst aus Friedericia eingetroffen und deshalb wohl weniger vom nervenzerreibenden Einfluß des Belagerungsdienstes angegriffen, schlugen beide Regimenter sich mit Frische und Kraft. Aber fürchterlich machte sich hier das Schnellfeuer der Zündnadelflinten geltend. Oberstleutnant Scholten fiel, mit dem Regimentskommandeur sanken beide Bataillonschefs und fünf Kompagnieführer tot und verwundet. So viel Leutnants bluteten, daß binnen kurzer Frist bei zwei Kompagnien alle Offiziere fehlten. Aber das erste Bataillon warf die Preußen thatsächlich aus allen vorgeschobenen Posten nach Lünetten B und C hinein, erschütterte auch die Stellung bei D. Man hätte wohl weiteren Erfolg errungen, wenn nicht gerade jetzt Brigade Canstein, nach Abgabe von zehn Kompagnien zur zweiten Sturmsäule noch siebzehn Kompagnien stark, ihr Gewicht in die Wagschale warf.

Ein Reserveleutnant lag tot weit vorn an der Hecke bei Lassons Leiche, ein schwedischer Offizier neben zwei Kompagniechefs vor Jensens Gaard südöstlich von Düppelmühle, von wo man preußische Schützen verjagte. Der von Scharffenberg, einem südländisch aussehenden stattlichen Mann mit scharfgeschnittenen Zügen und französischem Knebelbart, zu Lasson entsendete Adjutant Irminger sammelte weit vorn Versprengte und schlug umzingelt wie ein Rasender um sich, jeden Pardon verschmähend, bis er erschossen fiel. Sein preußischer Kamerad beerdigte ihn mit den Worten: „Als ich den Braven erschießen ließ, war's der schwerste Augenblick meines Lebens."

General Canstein selbst, nachdem er zwanzig Minuten vor elf sich in zwei Kolonnen geteilt und an den Ausfallstufen aufgestellt, begleitete das Halbbataillon Tippelskirch der linken Kolonne, an das sich links Halbbataillon v. d. Lund und weiter links Halbbataillon v. Baer anhing, alles Fünfunddreißiger unter Oberst v. Puttkamer, dahinter eine Brandenburger Jägerkompagnie, indes eine andere anfangs aufgelöst vorausging, dann aber am Laufgraben zurückblieb. Die rechte Kolonne bestand aus zwei Bataillonen Sechziger und einer Jägerkompagnie unter Oberstleutnant v. Hartmann, sie bog links ab beim Vorgehen, um Anschluß an ihre Schwesterkolonne zu erzielen. Mühsam passierte letztere Schanze Vier, wo man sich durch viele Trümmer hindurcharbeiten mußte, und der General selber erstieg Lünette D, von wo man einen guten Überblick hatte. Es scheint, als ob Mühle und Schmiede von den Preußen doch noch kurz zuvor geräumt worden seien, jedoch von ihnen aus nahen Knicks und Gräben derart unter Feuer gehalten wurden, daß eine wirkliche Besetzung dänischerseits nicht gewagt werden konnte. Jedenfalls ging Kompagnie Lindow der Fünfunddreißiger, welche teils auf der Chaussee, teils dicht rechts davon sehr schnell avancierten, unmittelbar auf die Mühle los, wo sich vielleicht einige dänische Scharfschützen schon eingenistet haben mögen. Sie sicherte den wichtigen Punkt mit Verlust von nur zwei Toten zehn Verwundeten, während v. d. Lund gleichzeitig die Schmiede besetzte.

Das erste Bataillon neunten dänischen Regiments unter Graf Ahlefeldt-Laurvig, nachdem dies Regiment aus Mißverständnis vom Barackensammelplatz zu spät aufbrach, blieb anfangs am Exerzierplatz stehen. Zweites Bataillon Christiani erhielt Ordre durch Regimentsadjutant Berg zu rücksichtslosem Vorgehen nach Südost bis zu einem Knick, wobei Reservebläser Ovesen einen sterbenden Kameraden aufhob und zurückschleppte, nur um selbst getroffen niederzufallen. Das Hinterladerschnellfeuer wurde fürchterlich. Scharffenbergs Adjutant Harald Holböll, heut seines Chefs getreuste Stütze, fragte, ob er je Ähnliches erlebt habe. „Nein, das kann man sich denken," war die finstere Antwort. Holböll bemerkte, daß Bataillon Ahlefeldt immer noch Gewehr bei Fuß stand. „Ordre des Generals!“ entschuldigte sich der Bataillonsführer. „Die Ordre respektier' ich nicht!“ rief Scharffenberg und gab der Vorderkompagnie Redstedt selbst die Richtung: „Gradaus auf der Chaussee!“ Ein grimmer Kampf bei Düppelmühle, wobei besonders Landwehrmann Oxenbüll wie ein rechter Ochsenbulle den Feind auf die Hörner nahm, endete traurig. Der kahlköpfig langbärtige Redstedt wehrte sterbend den Spielmann Wiedling ab, der ihn forttragen wollte: „Blas zum Sturme!“ Den sterbenden Kapitän Knauer schleppte ein Hornist fort, der dabei selber fiel und gelassen sprach: „Dann können wir ja zusammen sterben!“

Bei Bataillon Christiani wälzten sich alle vier Kompagniechefs sterbend im Blute. Einer von ihnen, der hübsche rosigheitere Rosen, von seinen Mannen treu geliebt, starb mit dem Zuruf: „Lebtwohl, Landsleute!“ So erinnerte hier noch manches Bild an wickinghafte blutsverbrüderte Normannenkraft.

Zuletzt erlitt man hier völlige Niederlage, zur Linken von den früher hier vorgedrungenen Teilen der zweiten Sturmkolonne empfindlich beschossen, und ließ vierzig Gefangene zurück. Westlich der Mühle fiel hier Lt. Möllhausen, Bataillonsadjutant bei den Fünfunddreißigern. Ein Zug Fünfunddreißiger unter Leutnant Zucker warf sich umgekehrt in die rechte Flanke des Regiments Tersling und wirkte von der Chaussee bis in den Rücken des dänischen linken Flügels, der nun seinerseits bis ans Barackenlager wich. Es stießen nämlich Halbbataillon Tippelskirch, vom General schleunig über das Erlengebüsch gegen das abgebrannte Vorwerk Sney herangeführt, und Kolonne Hartmann gleichmäßig auf eine Lücke, wo beide fechtenden Regimenter der Brigade Scharffenberg nur lose aneinanderhingen. Östlich der Mühle befand sich der Feind schon im Weichen, nachdem er freilich den Fünfunddreißigern noch ziemlichen Verlust beibrachte, von denen drei Leutnants getroffen umsanken. Es mochte halbzwölf Uhr vorüber sein, als sich die Dänen unter Zurücklassung von vierhundert Gefangenen bis ans Barackenlager weggeschoben sahen.

Dies Zeitdatum giebt schon Gewähr, daß der dänische Vorstoß nicht vor elf Uhr anhob und der Stoß Cansteins nicht vor viertelzwölf, da die Ereignisse sich hier sehr geschwind abspielten. Oberstleutnant v. Tippelskirch trieb den Feind über Sney vor sich her. Hauptmann v. Pallmenstein, später in Frankreich gefallen, hielt hier an. Die andere Kompagnie des Halbbataillons überschritt noch den Weg zwischen Gehöft und Barackenlager um dreihundert Schritt, wobei sie jedoch ihren Führer Hauptmann Rumland verlor.

Dieser Zentrumsstoß entschied, nachdem nur am linken Flügel der Cansteinschen Angriffslinie das Vorwärts einen Augenblick stockte unter energischem, aber rasch zerschelltem Gegenstoß. Ungünstig auf Regiment Scholten wirkte auch ein, daß jene Kompagnien der ersten Sturmkolonne, Reinhardt und Wolfradt, aus Lünette A ein konzentriertes Flankenfeuer unterhielten. In beiden Flanken zerschossen, brach der Kampfwille dieser entmutigten Truppe zusammen. Ganze Haufen warfen die Waffen fort. Es entstand eine halbe Flucht, die selbst das Barackenlager von Verteidigern entleerte. Seinen nördlichen Teil säuberte Halbbataillon Lund blitzschnell, drei Kompagnien warfen sich jenseits hinter einen Knick, um sich gegen heftiges Artilleriefeuer aus Sonderburg zu decken, dem man nunmehr sich schon um tausend Schritt näherte. Aus dem Brückenkopf und aus dem südlicheren Barackenteil hagelte es Gewehrkugeln und Halbbataillon Bähr erwischte hier, als die Dänen zurückwankten, nur zwanzig Gefangene. Indessen schoben sich zwei Schützenzüge stürmisch noch weiter vor und beschossen schon, hinter einem Knick hinknieend, den Brückenkopf. Die Vorwerke Sney und Langbro innehaltend, lief um zwölf Uhr die Linie Cansteins bis dreihundert Schritt nördlich der Chaussee und bog sich hier etwas zurück.

Kurz zuvor hatte auch hier das Gefecht des ersten Bataillons Regiments Tersling unter persönlicher Führung des Regimentschefs unheilvoll für die Dänen abgeschnitten. Indem es nämlich gegenüber Schanze Sieben, wo zweifellos auch Teile fünfter und sechster Kolonne in Fernfeuergefecht aus den genommenen Schanzen der Mitte selber eintraten, in Stillstand verfiel, sah es sich bald darauf von Brigade Raven angegriffen. Diese, um halbzehn in lauschige Büffelkoppel-Forstung eingerückt, um zehn Uhr angetreten und bis zur zweiten Parallele vorgegangen, sah um dreiviertelelf Uhr den persönlichen Adjutanten des prinzlichen Oberbefehlshabers heransprengen, Lt. Graf Häseler, den späteren weitbekannten kommandierenden General. Er überbrachte Ordre, Brigade Raven solle rasch in die Schanzreihe vorrücken, was auch sofort zwischen Nr. Vier und Fünf geschah. Der Vormarsch bog dann nördlich aus, um sich dicht östlich von Schanze Sieben in Deckung zu bringen.

Hier erreichte den General Raven aber schon Ordre des Generals Manstein, unverzüglich ans Werk zu gehen und die noch unberührten nördlichen Schanzwerke des Feindes wegzunehmen. Raven hatte nur die vordersten vier seiner fünfzehn (nach Abgabe von sechs zum Sturm und drei als Vorposten) Kompagnien zur Hand, da die übrigen im Marsch noch nicht zum Stillstand kamen. Zwei Posensche warf er gegen Schanze Acht, zwei andere Posener gegen die Abteilung des Oberstleutnant Tersling. „Marsch Marsch!“ kommandierte Oberstleutnant v. Wietersheim, später als Regimentskommandeur bei Königgrätz gefallen, Deutschposener und Polen gingen mit ihrem gewöhnlichen Elan drauf. Der katholische Divisionspfarrer Simon feuerte hierbei in polnischer Sprache mitten im Kugelregen seine vorstürzenden Landsleute an. Der Kampf war kurz und blutig. In Unordnung floh das dänische Bataillon nordwärts über die Apenradener Straße zum Alsensund, Tersling selber ward verwundet gefangen, mit ihm dreihundert Mann, zwei Kompagnieflaggen erobert. Graf Ahlefeldt-Laurvig fand den Schlachtentod als alter Edelmann.

Alle acht Kompagniechefs neunten Regiments tot und verwundet, überhaupt zweiundzwanzig Offiziere der Brigade getötet! dazu siebenhundertachtzig Mann tot und verwundet, sechshundertzwanzig gefangen! Diese Nordgermanen hatten kühn und schnell zum Angriff angesetzt, sich zähe verteidigt, doch dies war das Ende!

Divisionsstabschef Major Schau, dessen klares festes Gesicht mit glatt gebürstetem Haar und kurzem Schnurrbärtchen einen englischen Typ auszuprägen schien, und Brigadier Wörishöffer, der mit Schmalzlöckchen und Knebelbärtchen ganz wie ein Bayer aussah, besprachen sich soeben über die Lage. Letzterer verzweifelte daran, die Nordschanzen zu halten, ersterer zweifelte schon am Gelingen des Rückzugs über die Schiffsbrücke. Scharffenberg fürchtete abgeschnitten zu werden und verlangte Reserven, verwehrte aber seinem treuen Holböll, der sich beständig dazu anbot, nach hinten zu reiten: „Nützt nichts, Sie würden erschossen, ehe Sie hinkämen, keine lebende Seele kann zehn Schritt in solchem Feuer machen." Da bat ein Ordonnanzdragoner Larsen um den Auftrag. „Geh mit Gott!" legte ihm der Oberst die Hand auf die Schulter. Später traf er ihn am Brückenkopf auf einer Bahre.

Obschon also auf dem ganzen Gefechtsfeld zwischen Chaussee und Meer die Preußen in vollem Vorschreiten begriffen, gestaltete sich der Aufenthalt auf dem Plateau doch zusehends ungemütlicher durch schwere Geschosse aus Sonderburg und eine Zeitlang vom Rolf Krake, dessen Schrapnells in hohem Bogen herübersausten. Ein Granatsplitter streifte den Oberstleutnant Hartmann am Kopfe, der auf Cansteins Befehl dreizehn geschlossene Kompagnien zwischen Lünette B und einem Punkt vierhundert Schritt von der Chaussee als allgemeinen Rückhalt aufstellte. Es trat demnach hier ein allgemeiner Stillstand ein. Das überwältigende Geschützfeuer aus Sonderburg ließ ein weiteres Vorgehen nicht angängig erscheinen. General v. Manstein ließ seine vier Feldbatterien auffahren und zugleich aus eroberten Stücken der Schanzen feuern, um diese unbequeme Kanonade einigermaßen zu dämpfen. Schon nach elf Uhr, just als Brigade Raven anmarschierte, protzten acht preußische Geschütze östlich der Schanzen ab. Insbesondere nahmen auch zwei rückwärtige schwere Belagerungsbatterien, in deren dumpfe Töne sich auch das Bellen von Mörsern mischte, ein Artillerieduell gegen die drei Nordschanzen auf, deren noch unbezwungene Schußkraft fleißig alle nachströmenden deutschen Heerteile unter Feuer hielt und die Chaussee der Länge nach mit Granaten fegte. Bald gelang es der preußischen, die Artillerie von Schanze Acht auf sich abzulenken, während aus Schanze Neun noch ungeschwächt ihre Feuerschlünde spielten. Da auf dem Düppeler Plateau eine größere Geschützmasse sich nicht entwickeln konnte, so lange die Nordschanzen den Raum beherrschten, wäre es vorschnell gewesen, in Masse weiter vorn aufzufahren. Schlug ein wirkungsvolles Geschoß in die Fahrkolonne ein, so würde die stürzende Bespannung die ganze Menge von Stücken, Protzen, Wagen, Pferden, Menschen mitten unter einschneidendster Beschießung auf den Fleck gefesselt haben.

Der brandenburgische Artilleriechef befahl daher nur dem Batteriechef Ribbentropp, mit vier Vierpfündern seiner Gardebatterie den Versuch zu machen. Im Galopp, Marsch-Marsch und zuletzt in

voller Karriere aufgesessener Bedienung rasten diese Kanonen zugweise die Chaussee hinauf, wo man eben erst die Sperrbarrikade wegräumte, unter tosendem Beifallsjubel des vorderen Fußvolks bis zur Schanze vier, an Marschsäulen der Brigade Raven vorbeischießend. Da zeigte sich weiterhin die Chaussee abermals durchstochen und mit spanischen Reitern verlegt, deren Wegräumung den Pionieren erst viel später gelang. Die tiefen Verbindungsgräben mit ihren Brustwehren begrenzten außerdem die Südseite der Chaussee, wo eine flache Mulde das wellige Gelände höhlt. Hier schlugen Geschosse von allen Seiten ein und es hatte keinen Zweck, sich hier totschießen zu lassen. Hauptmann Ribbentropp beschäftigte daher einen Geschützzug des Lts. v. Richthofen damit, daß er einen vom rührigen Stöphasius hergestellten Durchstich quer besetzte und gegen Rolf Krake schoß. Erst nachdem die Hindernisse notdürftig beseitigt, jagten zehn Geschütze im gestrecktem Galopp bis nördlich der Chaussee vor, indem sie zur Deckung besonders einen sehr langen Knick benutzten, der von Düppelmühle bis Schanze Zehn den ganzen Höhenrücken überzog. Acht Zwölfpfünder setzten sich dort gleichfalls in Feuer.

In dieser Weise trat bis Mittag längs der Mitte und rechtem Flügel der Preußen eine Art Kampfpause ein, wo das Fußvolk nur vereinzelt noch feuerte. Nur auf dem äußersten rechten Flügel hatten Gardekompagnien Reinhardt und Wolfradt immer noch nicht genug. Ihnen gegenüber lagen noch Reste des zweiundzwanzigsten Regiments, nach Gefangennahme Falkenskyolds vom Bataillonschef Kapitän Jensen geführt, auf einer Koppel hinter einem Knick. Die deutschen Schützen erwiesen sich wie überall als überlegen an Treffsicherheit, von ihrer besseren Waffe ganz abgesehen. Jensen und drei andere Offiziere blieben blutend liegen — nicht aber tot, wie preußischer Bericht sagte —, vierzig Tote und Schwerverwundete lagen dort sonst noch umher, als Fähnrich Cajus Dreyer das schwache Häuflein des einst so stolzen Regiments zum Brückenkopf abführte, nachdem er sich über Sneye zu Scholtens Stellung durchschlug. Mit unglaublicher Keckheit drängten die beiden Gardehauptleute so scharf nach, daß sie das letzte Knick vor dem südlichen Brückenkopf erreichten. Hier setzten sie sich in Gefechtsbereitschaft, niedergeduckt unter dem Granathagel der Sonderburger Mühlbatterie. Auf dem Gelände von hier bis zum Gehöft Sney trieben sich andere vermengte Mannschaften umher, Brandenburger und Posener, einzeln und in Trupps.

Sechs gezogene Vierpfünder der elften dänischen Feldbatterie, auf den ersten Alarm aus der Meierei von Sonderburg aufgebrochen, um den linken Flügel zu stützen, konnten ihren Platz nicht mehr einnehmen. Unterwegs dorthin ereilte sie der Befehl, den Rückweg zum Brückenkopf und von da nach Alsen einzuschlagen. Dies läßt darauf schließen, daß man schon damals auch den Brückenkopf verloren gab und nur noch um Rückzug nach Alsen kämpfte.

Währenddessen entschied sich nun, nachdem erste und achte Brigade zu Schlacken verbrannt, auch die Zerstörung der dritten dänischen Brigade in den Nordschanzen. Diese hatte schon beträchtlichen Abgang gehabt. Wenigstens meldete der Kapitän der Vorpostenkompagnie siebzehnten Regiments, der vor Schanze Acht lag, am Morgen, daß er nur noch hundertdreizehn Unteroffiziere und Gemeine besitze. Diese Truppe mag freilich am meisten gelitten haben, da es unmöglich scheint, ein dänisches Bataillon (vier Kompagnien) nur noch auf vier- bis fünfhundert Mann anzunehmen, was kaum die Hälfte seiner Sollstärke bedeuten würde. Doch behauptete nachher ein gefangener dänischer Offizier, daß auch im Norden nirgendwo einige Sicherheit herrschte, wo man sich der Ruhe hingeben konnte; das ganze Erdreich auf dieser Spanne Landes sei von Granaten aufgewühlt gewesen. Trotzdem befanden sich die Nordschanzen in viel unversehrterem Zustand wie die Südschanzen und ihre verhältnismäßig schwächere Verteidigung kommt wohl mit auf Rechnung des vom General du Plat gesandten Räumungsbefehls. Ihn vollzog Oberst Wörishöffer jedoch noch nicht, sondern zog nur die Vorposten ein, beließ sie jedoch auf der äußersten rechten Flanke in ihrem Schützengraben. Das erste Bataillon dritten Regiments der zweiten Brigade stand seit lange als Reserve für ihn in einer Schlucht nördlich der Apenrader Straße. Dieses unter Major Arntz sollte den Abzug decken und bezog zu diesem Behuf eine Stellung, teils hinter Schanze Acht auf der Apenrader Straße an einem abgebrannten Gehöft, teils nördlich des Barackenlagers am Gehöft Steengard, teils dazwischen hinter Knicks, auf tausend Schritt Länge die Straße deckend.

Nachdem einen kurz vorübergehenden Versuch des Bataillonschef Lund, seinerseits das Vorgehen des neunten Regiments offensiv zu unterstützen, Schanzenfeuer der sechsten Sturmkolonne leicht ablehnte, nahm General v. Raven mit zwei Posener Kompagnien Schanze Acht im ersten Anlauf, eine Viertelstunde vor zwölf Uhr verkündete eine aus Schanze Sechs geholte Sturmfahne den preußischen Batterien, daß artilleristische Vorbereitung gegen dies Ziel nicht mehr von nöten sei. Die Besatzung wehrte sich schwach und schlecht, nur ein Teil mußte mit den Waffen in der Hand bezwungen werden und zwar wie überall die Kanoniere, die nicht abließen, ihre Stücke zu bedienen und noch im letzten Augenblick aus rückwärts gerichtetem Zwölfpfünder den freien Raum zum Verbindungsgraben mit Kartätschen überschütteten, so daß Teile der sechsten Kolonne nicht gegen Schanze Acht anzugehen vermochten. Konstabel Frederiksen und der Schanzkommandant Unterleutnant Galster, der mitten im Kugelregen auf die Brustwehr sprang, gaben umsonst ein Beispiel. Als er mit dem schwedischen Leutnant Horn vor Prinz Friedrich Karl geführt wurde, gab ihm dieser zur Anerkennung seiner Bravour den Säbel zurück. Da aber der Schwede als Irregulärer davon ausgeschlossen, warf Galster die Waffe fort, da er nicht anders behandelt sein wolle, als sein schwedischer Kamerad.

Die Vorpostenkompagnie siebzehnten dänischen Regiments wich von hier bis hinters nächste Knick. Außer dem Regimentskommandeur fanden im Laufgraben noch manche den Tod. Oberst Wörishöffer selber leitete den Abzug des siebzehnten Regiments, der unterm Schutz des Bataillons Arntz noch leidlich von statten ging. In der Schanze nahm man vier Offiziere hundertsiebzig Mann gefangen, die sich ins Blockhaus zurückzogen, von wo sie anfangs ein mäßiges Gewehrfeuer gegen die Kletterer richteten, die über Sturmpfähle der Kontereskarpe in den tiefen Graben sprangen, die hohe, steile, ganz unverletzte Brustwehr erklommen oder über die Balken der Rollbrücke eindrangen. Der unermüdliche Kerlen, hier schon die dritte Schanze miterobernd, umging mit seinem Westfalenhäuflein die Kehle und erstieg von Norden das Werk, wo er sich den Pour-le-Merite vom Schanzborde brach. Nicht überall hängt dieser ausschließliche Tapferkeitsorden in der Luft! Heut schon der zweite Westfale, dem dies Ehrengeschenk unter freiem Schlachtenhimmel wuchs!

Den Posenern kostete die leichte Erstürmung nur vier Tote elf Verwundete. Sie blieben als Besatzung drin. Kaum begrüßte kräftiges Hurrah und Vivat auf den König von allen übrigen Schanzen das Aufziehen der Sturmfahne auch hier just um die Mittagsstunde, als auch schon Schanze Neun nachfolgte. Nur dritte Kompagnie Leibregiments vollstreckte diese neue That. General v. Raven, während ihrer Eroberung kühl und gelassen am Eingang von Schanze Acht stehend, ließ sechs Kompagnien Leibregiments, nachdem er zwei andere auf Befehl nach rechts zur Unterstützung Cansteins detachierte, auf „Neun“ losgehen. Dritte Kompagnie mit dem Oberst voraus, der persönlich mit einem Zug zunächst der Kontereskarpe anlangte und eiligst durch seinen Adjutanten die andern heranholen ließ. Ein senkrecht dorthin das Feld durchschneidendes Knick ward mühsam überstiegen, eine Öffnung gefunden, die sechzig Schritt von der Schanze einen Zutritt gewährte. Das war der mühevollste Teil der Arbeit, was bei der merklich zunehmenden Wärme des heitern Frühlingstages manchen Schweißtropfen entlockte, zumal nur die Sturmkompagnien Mützen und alle übrigen ihre Helme trugen. Dagegen kümmerten sich die Leibgrenadiere wenig um Gewehr- und Geschützfeuer, das der Schanzkommandeur Kapitän Andersen bis zum letzten Augenblick vom Brustwehrkörper abgeben und unterhalten ließ. Er erhielt soeben Befehl zum Abzug und die hinter ihm als Reserve stehende erste Kompagnie sechzehnten Regiments machte sich schon über Steengard nach dem Strande davon. Alleingelassen mit drei Zügen sechster Kompagnie sechzehnten Regiments verteidigte sich der bereits verwundete Kapitän noch von Traverse zu Traverse, sobald die Grenadiere über Sturmpfähle hinwegliefen oder sich an ihnen herunterließen, sah aber die Kehle rückwärts verlegt und ergab sich dem Leutnant Bekuhrs, der dort allen voran eindrang.

Sobald die Preußen im Innern erschienen, warfen drei Offiziere zweihundert Mann die Waffen fort. Sechs Geschütze fand man unvernagelt, wie schon in Schanze Acht, wo die braven erstochenen Kanoniere zu spät ans Vernageln dachten, weil sie bis zuletzt feuerten. Vier gezogene Geschütze schleuderten noch ihre Ladung aus dem verbindenden Batterieeinschnitt zwischen Schanze Neun und Zehn, bis Artillerieleutnant Brönnum seine Stücke nach der Flensburger Straße rettete.

Die Reservekompagnien der sechsten Sturmkolonne nahmen bisher verschiedentlich an diesen Gefechten teil, wobei ihr Führer Hauptmann v. Gliszczynski schwerverwundet sank, und stürmten jetzt diesen Batterieeinschnitt. Portepeefähnrich v. Stedman des Regiments Königin Augusta bemächtigte sich mit vordersten Plänklern der neuen Trophäe. Hier fiel der zweiundzwanzigjährige jüngere Bruder des Helden der Düppelmühle, Sekondeleutnant Arthur v. Rabenau. Wie sein Bruder durch Schulter und Brust geschossen, zerriß ihm ein Granatsplitter auch noch den Schenkel, als man ihn aufhob und wegtrug. Doppelte Stränge halten besser, mehr als einmal sterben kann man nicht!

Mittlerweile ließ auch Eroberung von Schanze Zehn nicht auf sich warten, ihr drohte dies unabwendbare Schicksal durch Westfalenbrigade Schmid, die um zehn Uhr von Rackebüll aufbrach und um halbzwölf Uhr mit Einleitung des Angriffs begann. Um diese Zeit durchfurchten aber preußische Kanonenkugeln dort das Gelände und General v. Schmid sandte eiligst das Ersuchen an die preußischen Batterien, nicht mehr dorthin zu feuern, weil er attackieren wolle. Darüber verstrich eine volle halbe Stunde. Endlich sah man von dem Punkte, wo die Brigade in ihrer Bewegung anhielt, wie die deutschen Feuerschlünde abließen und ihre Mündungen nur gegen Alsen öffneten. Jetzt ging es los. Nach Abgabe von acht Kompagnien zur vierten Sturmkolonne noch vier Bataillone stark, schritt die Brigade sogleich zum Sturme. Schützen der dreizehner Weselaner schwärmten aus und Kompagnie Cranach setzte sich in Laufschritt, noch zweihundert Schritt vor dem Bollwerk. Ihr Hauptmann erstieg von vorn, sein Leutnant Devivere von rückwärts her die sofort kapitulierende Schanze. Einen zum Alsensund entflohenen Teil holten Weselaner noch ein und fingen ihn ab. Etwa sechzig Gemeine. Es waren nur schwache Teile der ersten und zweiten Kompagnie sechzehnten Regiments. Doch entrann das siebzehnte Regiment mit geringem Verlust in ziemlich geschlossener Haltung zum Brückenkopf unter Führung des Bataillonschefs Kapitän Lund, wie Schützen vom Gardehäuflein am äußersten rechten preußischen Flügel deutlich wahrnahmen. Sechzehntes Regiment mußte hingegen bald sich sputen, um noch Schutz und Sicherheit zu finden, an der Küste entlangeilend. Sein zweites Bataillon insbesondere blieb noch eine Weile in Stellung und hemmte durch Flankenfeuer das Vorgehen Schmids. Hinter dem siebzehnten Regiment suchte es sich nun in einzelnen Abteilungen vorbeizudrücken. Es glückte überraschend. Hauptteil ersten Bataillons entkam, zweites ging mit dem Regimentskommandeur Major Wolle geschickt und ruhig aus dem Laufgraben nördlich Schanze Zehn zurück, wo Korporal Morten Andersen seine zwei Stücke so lange handhabte, bis der Feind ihm unmittelbar auf den Leib rückte. Beim ersten Bataillon Hein, das sich bald Luft schaffte, fiel bisher nur Kompagniechef Agerholm in Gefangenschaft. Das zweite Bataillon Raven führte den Rückzug geordnet längs einer Schlucht aus, nach deren Passieren hier Kompagniechef Schau, Bruder des Stabschefs, am Schluchtrand als Leiche zurückblieb.

Brigade Scharffenberg teilte das Schicksal der Brigade Lasson, so gut wie vernichtet als taktischer Körper durch den Ruin der

Cadres. Ihre Einbuße stellte sich freilich erheblich geringer. Neuntes Regiment: siebzehn Offiziere siebenhundertsechzehn Mann, zwanzigstes Regiment: zwanzig, sechshundertsechsundachtzig. Es verlor Lasson neununddreißig Offiziere achtzehnhundertsechzig Mann, Scharffenberg achtunddreißig, vierzehnhundert. Dagegen verlor siebzehntes Regiment nur vierhundertneunundsechzig Unteroffiziere und Gemeine, sechzehntes gar nur zweihundertneununddreißig, bei beiden wohl meist Gefangene. Verluste beim Rückzug am Strande hatte die Brigade nur dort, wo Hohlwege lagen, welche sie unterm weittragenden Schießbereich der Belagerungsbatterien durchschreiten mußte. Hier sanken noch mehrere Offiziere unter Granatsplittern.

Zur Deckung hielt Bataillon Arntz immer noch die Höhe, bis endlich fünfte Kompagnie aus dem Gehöft an der Apenrader Schanze, erste und zweite Kompagnie von dem Höhenabfall längs des Strandes wichen und sechste Kompagnie Herz weiter vorn erst ganz zuletzt Steengard verließ. Bei diesem wohl zweitausend Schritt langen Rückzug der letzteren schloß sich ihr die andere am weitesten rückwärtsstehende Abteilung, nämlich Vorpostenkompagnie Petersen sechzehnten Regiments an. Beide unter Führung des Majors Hein gerieten aber in einen Schluchtmorast am Ufer, wo ihnen Posener und je ein Zug Fünfunddreißiger und Dreizehner zuvorkamen. Umsonst ließ Kapitän Petersen das Hilfsbittesignal „Lang Tone“ blasen, niemand kam. Sein Unterleutnant blutete schon, Feldwebel Rasmussen von Kompagnie Hertz fiel. Noch einmal suchten sie mit dem Bajonett sich Bahn zu brechen, doch unerträgliches Schnellfeuer zwang zur Waffenstreckung je zwei Züge beider Kompagnien samt dem Major.

Freilich verlief dies Gefecht nicht ohne eigene Einbuße, besonders des Weselaner Schützenzugs Devivere, der hier einen Danebrog schon zuvor im Kampfe nahm. Andere Dreizehner eroberten ein zum Abfeuern bereites Feldgeschütz samt seiner Bedienung, das andere hier im Laufgraben hinter Schanze Zehn postierte Stück der achten Feldbatterie rettete sich noch. Korporal Morten Andersen entwischte damit, obschon ihm Kugeln am ganzen Strandweg um die Ohren pfiffen. Dem Tapfern hilft das Glück!

Und als man nun längs des Strandes weiterdrang, kamen solche

Salven vom Brückenkopf her, daß man genug bekam und auf jedes Vorwärts verzichtete. Hauptmann v. Cranach fiel, von zwei Kugeln tötlich getroffen. (Nicht zu verwechseln mit seinem Namensvetter, als Oberst bei Mars-la-Tour berühmt geworden und als General der Infanterie gestorben). Ohne Schmerzensruf niedersinkend, hauchte er seine fromme Seele aus. Der Tod trat augenblicklich ein, nachdem er soeben den Seinen zurief: „Vorwärts, hier sind wir die Ersten!“

Drüben gab es noch rührende Beispiele von Kameradschaft. Schwedischer Leutnant Nordenfalk dritten Regiments, von Gewehrkugel in den Mund geschossen, der sich dick mit Blut füllte, aus Bewußtlosigkeit wieder zu sich gekommen, suchte sich zum Brückenkopf zu schleppen. Da sprang der verwundet auch dorthin wandernde schwedische Leutnant Ivar Kay, sein eigener früherer Kamerad von schwedischen Leibgrenadieren, auf Säbelwink Nordenfalks, der nicht rufen konnte, herbei und riß ihn in den Brückenkopf hinein. Durch Luftdruck einer nahe platzenden Granate fiel der von Blutverlust ermattete Nordenfalk aufs neue in Ohnmacht, doch Kay sagte gemütlich: „Siehst, Bruder, nun ist's Schluß!“

Doch nicht bloß Offiziere haben Selbstentäußerung gepachtet. Unteroffizier Fillipsen vom zweiten Regiment nahm hier ein Bad, von Alsen den Sund durchschwimmend, und rettete mitten unterm Feuerregen einen Kameraden, der mit zerschmettertem Arm am Strande lag und bisher vergebens nach Hilfe schrie ....

Die Schlacht stand aufs neue still, sozusagen an einem toten Punkte angelangt. Es war halbzwei Uhr und nur ein gewaltiger Geschützkampf tobte. Die Sonderburger Batterien brüllten in einem fort, das dortige Schloß blitzte in allen Etagen bis unters Dach hinauf von Flintenschüssen.

So gering war hier die Entfernung übers Wasser, nur fünf- bis sechshundert Schritt, bis zum Ostrand des Sundewitt, wo jene zwei Gardekompagnien fast gänzlich ihren Patronenvorrat verbrauchten. Jene zwei von Raven auf höheren Befehl entsendeten Kompagnien Leibregiments, um dreiviertelzwölf beim Major v. Conta eingetroffen, lösten hier ab. Doch blieben siebzig Gardisten unter Lt. The Losen am Strande liegen und feuerten unverdrossen nach den blinkenden Fenstern von Sonderburg und den Dampfringeln der Küste. Der tapfere The Losen ahnte nicht, als er so unverzagt solchem Höllenfeuer trotzte, daß ein noch ärgeres Feuer bei Chlum ihn dereinst tot vom Pferde reißen werde als Adjutant seines neben ihm fallenden Gardegenerals Hiller v. Gärtringen.

Es wäre angenehm gewesen, wenn man fünf Geschütze in Schanze Zehn noch brauchbar gefunden hätte. Sie standen aber schon vernagelt hinter der Brustwehr, im Sande vergraben traf man noch zwei an sich gesunde Kanonenrohre, denen aber ihre Lafetten-Gliedmaßen abgeschossen waren. Jetzt schaffte man jedoch zwei Brandenburger Sechspfünder dort hinauf. Schon nach elf Uhr gesellten sich den schon im Feuer stehenden achtzehn preußischen Feldgeschützen achtundzwanzig andere bei, zuletzt stieg die Zahl auf fünfundvierzig, unterstützt von sechsundzwanzig schweren der Belagerungsbatterien rechts und links. Eine solche Artillerieentfaltung konnte wohl gewaltigen Lärm machen und nicht minder laut donnerten die Inselbatterien von drüben. Vierundzwanzig Geschütze der zweiten, zehnten, elften, dreizehnten Feldbatterie reihten sich fünfzehn schweren der Kirchbatterie und zehn der anderen Positionsbatterien an. Meer und Strand erbebten vom unaufhörlichen Getöse. Allmählich gewannen die preußischen gezogenen Sechspfünder die Oberhand. Die Sonderburger Mühle lohte in Flammen auf, in der dortigen Batterie nährte man nur noch durch Opferwilligkeit von Freiwilligen der elften und dreizehnten Feldbatterie das Feuer. Der Drache Rolf Krake zog schon lange den Schwanz ein, nachdem ein Vollgeschoß ihn an der Kante zwischen Deck und Panzerthurm, sowie am Schornstein beschädigte. Daß er schon nach halbzwölf Uhr abfuhr, wie preußische Beobachter melden, widerspricht aber der ausdrücklichen Angabe des Kapitäns, daß er erst mittags sein Einlaufen im Wenningbund einstellte.

Jedenfalls sah sich das preußische Fußvolk zuletzt entlastet und der andauernden Bestreichung des Vorgeländes am Brückenkopf entledigt, da die Alsener Kirchbatterie unter dem herüberwirkenden Zwang sich fast ausschließlich mit den Düppeler Höhen beschäftigen mußte, von wo es verderblich zu ihr hinüberbrüllte. Übrigens schoßen die Dänen nicht immer schlecht, denn gleich beim ersten Einfahren der preußischen Artillerieverstärkungen überschüttete sie ein Geschoßhagel, der auf der Stelle neun Kanoniere und fünfzehn

Pferde niederstreckte. Eine Alsener Granate suchte sich sogar ein kostbares Opfer. Hinter dem Gehöft an der Apenradener Straße stand beobachtend General v. Raven, als ihm ein Splitter des platzenden Sprenggeschosses das Knöchelgelenk des rechten Fußes zermalmte. Sein Adjutant Knesebeck trug ihn aus dem Feuer. Auf der Bahre an einer Kompagnie vorbeigeleitet, richtete er sich auf und rief: „Vorwärts, Kameraden!" Seinen Tod, der erst neun Tage später nach erfolgter Amputation erfolgte, sah er bestimmt voraus: „Es ist Zeit, daß wieder ein preußischer General für seinen König stirbt!"

Für seinen König — was erwiderte doch König Friedrich Wilhelm bei Leipzig, als er auf Frage nach seinen Söhnen von einem Major die Antwort erhielt: „Sind alle für Ew. Majestät gefallen," wie lehnte der nobelempfindende König unwillig ab: „Nicht für mich, für das Vaterland!" In Berichten preußischer Offiziere über dänische Bravour kommt die Phrase vor: „Auch sie starben redlich für ihren König und Herrn." Wie sich doch die Herren in ihrer naiven Weltanschauung das Gemüt der fechtenden Bürger und Bauern nach ihrem eigenen Gutdünken zurechtlegen! Die Dänen sterben für Dänemark und die Preußen für Preußen. Dem vielverherrlichten ‚Heldentod des Generals v. Raven' besondere Loblieder zu singen, liegt gar kein Grund vor. Er starb als braver Soldat wie so viele andere Offiziere und Gemeine, nicht mal in besonders heldischem Auftreten, sondern hinter der Front.

Anders fiel drüben der Generalmajor Claude du Plat. Auch er deutscher Abkunft, wenigstens mütterlicherseits, ein Bruder des Obersten in Umgebung des Erbprinzen von Augustenburg, als anständiger Gentleman dem Gebahren deutschenfressender Eiderdänen sehr abgeneigt. Schon mehrfach im holsteinischen Befreiungskrieg verwundet, scheute der tapfere Mann nicht den Tod auf dem Schlachtfeld, hat ihn vielleicht gesucht.

Sein wettergebräuntes biederes Gesicht, umrahmt von weißgrauem Haar unterm hellblauen goldbortierten Käppi, blieb unbewegt. Sein schwarzer verschnürter Feldrock mit den goldenen Schulterlitzen hob sich scharf von den hellblauen Beinkleidern ab und bot so ein deutliches Ziel. Er stand, in der weißbehandschuhten Linken das Fernrohr, auf einen Stock gestützt am Wegrand.

Später stieg er zu Pferd und hielt mit seinem Stabschef Major Schau und dem Unterchef des Armeegeneralstabs Major Rosen dort, wo ein alter Landweg in die Chaussee mündete, als ihm der Flüchtlingsschwall der ersten und achten Brigade entgegenflutete. Zwei schwedische Leutnants Örholm und Forsell brachten Trümmer der bei Düppelmühle Abgeschnittenen, Leutnant Dinesen mit zwei schwerverwundeten Korporalen Reste von Redstedts Kompagnie. Adjutant Nysted gab ihm stracks Befehl, ein Gehöft zu besetzen, doch die entmutigte und erschütterte Mannschaft schrie: „Wir sind umgangen! Feind im Rücken!“ Da zog Major Rosen den Säbel: „Das ist gelogen!“ und postierte selber die kleine Abteilung. Mit dreißig Mann blieb Dinesen noch am Feinde, alles Andere befand sich in voller Feldflucht, weithin bedeckten Tote und Sterbende das öde Feld. Noch einmal raffte du Plat zusammen, was zur Hand war, den Feind aufzuhalten. Da traf ihn tötliche Kugel ins Rückenmark. Major Rosen sprang aus dem Sattel, wollte ihn aufrichten. Doch während wenige Schritte davon Major Schau bereits im Blute lag, stürzte Rosen selber, durch die Brust geschossen, als gerade du Plat abwinkend röchelte: „Lassen Sie mich nur liegen!“

Seine Leiche fiel in Feindeshand, mit ihr die beiden sterbenden Generalstäbler, die bald ihren Wunden erlagen. Übrigens erhielt auch General v. Manstein einen Prellschuß gegen den Unterschenkel. Bei diesem letzten Gefecht hinterm Barackenlager rächte eine Zündnadelkugel auch den Überfall von Assendrupp in Jütland vor drei Wochen, wo ein Trupp Gardehusaren in Gefangenschaft abgeführt. Denn der damalige Leiter, Premierleutnant Harbou vom zwanzigsten Regiment, fiel heut an dieser Stelle.

Auch dieser junge Mann mit glattrasiertem klugen Gesicht und hoher offener Stirn vertrat den Typus eines Nordlandsgentleman, wie er sich auch bei englischer Rasse findet. Sein Tod erweckte nicht weniger Bedauern, wie der seines Kameraden von Fridericia, Reserveleutnant Christensen, Sohn eines bekannten Politikers und Kandidat des Jus, der dort sein junges Leben aushauchte. Man muß sich stets gewärtig halten, daß Dänemark ein Milizsystem wie die Schweiz hatte, allerdings mit festen Cadres und einem Kern von gedienten Soldaten. Die Hälfte des Offizier=

korps in diesem Kriege bestand zuletzt aus Landwehrreserve. Dies System hatte sich in früheren Kriegen trefflich bewährt und es ist durchaus irrig, die weitüberlegene Gewandtheit der Preußen bloß auf ihre längere Ausbildung zu schieben. Sie sind eben von Natur ein Militärvolk, die Dänen nicht. Letztere würden daher geradesogut unterlegen sein, wenn sie auch lauter Veteranen ins Feld geführt hätten. Denn auch das Zündnadelgewehr sprach hier entscheidend mit. An Bravour aber ließen diese Milizsoldaten nichts zu wünschen übrig, vielmehr machte sich der überlegene moralische Faktor eines reinen Volksaufgebots aus allen Ständen der Bevölkerung auch hier geltend. Wahrscheinlich würde dänisches Berufsmilitär gar nicht so zähe und aufopfernd ausgehalten haben, sobald sich Gewißheit der endlichen Niederlage Jedem aufdrängte, da man ideale Begeisterung vom bloßen Soldaten nicht erwarten kann. Damals machte die große Menge unverwundet Gefangener stutzen und gab Laien einen ungünstigen Begriff von dänischer Tapferkeit. Später aber sah man österreichische langgediente und oft kriegserfahrene Kasernensoldaten sich in viel größeren Massen ergeben unterm zerrüttenden Einfluß des zehnfach überlegenen Hinterladerfeuers, sah man sogar französische Troupiers mit eigener überlegener Bewaffnung in Masse die Waffen strecken.

Die grenzenlose Erbitterung des kleinen Inselvolks, das sich naiverweise räuberisch von zwei Großstaaten überfallen glaubte, ohne den vollberechtigten idealen Grund und seine eigene Unterdrückerrolle zu würdigen, bezeugt auch des sterbenden Major Schau bittere Ablehnung, als König Wilhelm ihn im Lazarett besuchte: „Lassen Sie mich in Frieden sterben!“

Die Trümmer von zwölf geschlagenen Regimentern flohen jetzt über die Brücke nach Sonderburg. Den Brückenkopf hielt Oberst Kauffmann, bei welchem auch die drei entronnenen Kompagnien des Bataillons Arntz verblieben. Diese und Hälfte zweiten Bataillons dritten Regiments sollten die Schanzung nördlich der Chaussee, die andere Hälfte den südlichen Brückenkopf, zweites Bataillon achtzehnten Regiments den nördlichen besetzt halten, erstes Bataillon achtzehnten Regiments die Verbindungsgräben zum südlichen. Infanterieoffiziere leiteten das Feuer der im Brückenkopf aufgestellten vier Geschütze, als man freies Schußfeld bekam. Hinter geschlossenen

Barrierenthoren bereitete sich das Abbrechen beider Brücken vor. Die nördlichere auszuschwingen erhielt Kauffmann schon um ein Uhr Befehl. Ingenieuroberstleutnant Dreyer vollzog mit Gewandtheit den Auftrag, obschon dies bei hundertzwanzig Ellen keine Kleinigkeit war. Die lebendige Mauer des preußischen Fußvolks ringsherum blieb unbeweglich. Wenn sie ins Rollen käme!

General Steinmann und der Stabschef des Oberkommandos erschienen, den Oberbefehl zu übernehmen. Der Höchstkommandierende Gerlach blieb auf Alsen, wo die Leibgarde den Laufgraben zur Sonderburger Kirchbatterie und Brigade Wörishöffer, sobald sie hinüberkam, den Strand mit Schützen füllte. Major Weyhe mit Hauptteil achtzehnten Regiments rückte schon ab, Kompagnie Baller räumte den vorderen Laufgraben. General, Stabschef, Brigadier Kauffmann verließen unter den Letzten das Sundewittufer.

Feuer aus Sonderburg wurde schwächer, was preußische Darstellung zu unbedingt mit Niederkämpfung erklärt. Viel richtiger erklärt es sich durch Aufhören der Nötigung, den Abzug zu decken. Schon um halbzwei Uhr verschwand die Brigade unbemerkt über die südliche Brücke. Nur Major Lundbye mit Kompagnie Hansen achtzehnten Regiments harrte noch aus, verließ aber den Platz, als einzelne Preußen gerade hineinschlüpften. Am nördlichen Brückenkopf entstand ein leichter Barackenbrand, wahrscheinlich durch Flammen, denen Oberstleutnant Dreyer nunmehr die südliche Brücke übergab.

„Seht ihr den dicken Qualm, der dort zum Himmel aufsteigt?" wandte sich Lt. Graf Schulenburg, dessen Zug Fünfunddreißiger bei jener Umzingelung an der Moraststchlucht mitwirkte, an seine dreißig Mann. „Wir hin! Da merkt der Feind vielleicht nichts! am Ende zog er schon ab!" Wie eine Schleichpatrouille hatte das Häuflein sich zuvor am Alsensund emporgepirscht. Im Chausseegraben entlang kriechend, gelangte er in den Graben vor dem nördlichen Brückenkopf; wobei zehn andere Fünfunddreißiger unter Lt. Steinhardt hinterherkrochen. „Nun müssen wir noch 'nen besonderen Coup machen!" rief Schulenburg dem jungen Unteroffizier Handerich zu, der sich besonders auszeichnete. Durch Strauchwerk der Gräben eine steile Wand hinauf, führte ein Zugang sie nach innen. Und nun stieg man wirklich hinein, fand den Feind geflohen, warf Pulversäcke und Granaten beiseite. Nur wenige Flintenschüsse antworteten, Brigade Kauffmann entwich schon über die Brücke. Nur wenige Sekunden später stürmten zwei Kompagnien Posener herein, dahinter andere Teile, alles im Laufschritt und in aufgelöster Ordnung. Das Mißgeschick wollte, daß gleichzeitig sechs Kompagnien vierten Garderegiments unter Oberst v. Korth geschlossen im Sturmschritt den Brückenkopf erreichten. Diesen schob General v. d. Mülbe, mit sechs Gardebataillonen über Satrup angelangt, neben Brigade Schmid vor.

Bereits sahen die Eingedrungenen ein, daß weiterer Aufenthalt im Innern sich verbiete, da der Brückenkopf nach der Alsenseite offen und vom Feinde völlig eingesehen war. Ein äußerst gesteigertes Feuer aller Waffen richtete sich aus Sonderburg dorthin, um dem Sieger, vielleicht dicht am Sund zusammengedrängt, möglichsten Schaden zu thun. Das Ungefähr richtete es so ein, daß die Dänen sich nicht verrechneten. Der Zug Schulenburgs kroch zur Deckung in den Chausseegraben zurück, aber nun kamen mit schlagenden Tambours und vorgezogenen Schützen die Garden heran, in deren Weiche die Kirchhofbatterie Kartätschen entlud. Auch schien aus einer zwischen den Brückenköpfen liegenden Zichorienfabrik ein Kugelregen zu pfeifen. Offenbarer Irrtum, weil kein Feind mehr dort stand, aber Beweis, wie weit die dänischen Flinten von Alsen her trafen. Regimentsadjutant v. Carlowitz fiel angeschossen vom Pferde. Bald darauf erlitt eine an der Chaussee mit geringer Deckung liegenbleibende Gardekompagnie empfindliche Einbuße: drei Leutnants, drei Spielleute, zehn Grenadiere außer Gefecht. Die andern Garden glaubten den Brückenkopf natürlich noch vom Feinde besetzt und deuteten die an der Brustwehr wahrnehmbare Bewegung bloß auf beginnenden Abzug, der ja schon längst beendet war. Sie feuerten also frisch drauf los. Um nicht zwischen zwei Feuer zu kommen, schwenkten die Posener und Füsiliere Schulenburgs an Stangen gebundene Tücher, steckten Helme auf Gewehre, schrien Hurrah. Ein Posener Sergeant zog eine Wollendecke als Fahne auf. Als alles nichts half, sprang der tapfere Graf Schulenburg selbst auf die Brustwehr, um ein Zeichen zu geben. Rücklings fiel er nieder, von dänischer Kartätsche getötet. Das Mißverständnis klärte sich nun auf, doch die unsinnige Anhäufung am Graben des Brückenkopfs ließ sich nicht so rasch stopfen und bot den feindlichen Kugeln ein hochwillkommenes Ziel. Von Kartätsche am Oberschenkel verletzt, mußte man den Oberst v. Korth wegtragen. Auch sein nachrückendes zweites Bataillon verlor gleich vierundzwanzig Mann. Dem Lt. Materne der Posener riß eine Vollkugel die Brust auf, ihn auf der Stelle tötend, auch Lt. Bergmann fiel mit Todeswunde nieder, Regimentsadjutant Dioszeghy blutete leichter und noch ein anderer Leutnant.

Den südlichen Brückenkopf besetzten jene zwei vordersten Kompagnien Leibregiments am äußersten rechten Flügel ohne Verlust, wobei nur Lt. Maurer der Sechziger am Strande den Tod fand, und griffen nur neun Versprengte dritten Regiments auf. Nach Anderen sollen auch welche vom neunten dabei gewesen sein. Von hier aus wechselte man harmlos Gewehrkugeln mit der Insel, deren Ränder sich stark besetzt zeigten. Die Befürchtung, diese unverschämten Preußen würden am Ende noch gar die Insel selber anfallen, gab man drüben längst auf, da die Brücken rechtzeitig abgebrochen.

Rolf Krake mischte sich noch einmal ein. Goeben gab den verwegenen Vorsatz hin, auf eigene Hand durch Übergangsversuch nach Alsen Lorbeeren zu pflücken. „Ich hätte vielleicht Erfolg gehabt," schrieb er an seine Frau, „doch wollte den Glanz des Sieges nicht durch möglichen Mißerfolg trüben." Der König war sehr besorgt gewesen: „Ich bin in Unruhe um Goeben, höre nichts von ihm," billigte nachher Goebens Entsagung.

Im allgemeinen kann man nicht leugnen, daß der dänische Rückzug mit Gewandtheit und Festigkeit erfolgte, was bei der großen Erschütterung der Truppen durch solche Verluste um so höher anzuschlagen. An der blitzschnellen Überrennung der Schanzen trug die Führung keine Schuld, denn das merkwürdige Luftphänomen der Schallhemmung stand mit dem jähen preußischen Überfall im Bunde. Tapfer schlugen sich die erste und achte Brigade bis zuletzt, besonders der ersten muß es hoch angerechnet werden, daß ihre Reste sich bis zuletzt am Vorstoß der achten beteiligten. Löblich war auch die Art, wie die dritte Brigade sich langsam dem Gegner entzog. Neben der unüberwindlichen Bravour der Preußen, ihrer überlegenen Artillerie und Gewehrbewaffnung focht eben auch das Schicksal auf ihrer Seite, selbst die Lüfte Schleswigs erwiesen sich feindlich den dänischen Tyrannen. Wo dieser unsichtbare Bundesgenosse feindlich mitspricht und sein Zaubertränklein mischt, da hilft kein Kraut mehr. Selbst Erfolge werden vergiftet, Mißerfolge ins Maßlose gesteigert. Endlich einmal, lange gepeinigtes, stiefmütterlich vom Schicksal verhöhntes Deutschland, lächelt dir fortan das helfende Glück!

„Der Brückenkopf ist unser,“ las Prinz Friedrich Karl die Meldung. Drei Minuten nach zwei Uhr war es, wo er erfuhr: das ganze Festland vom Inselvolke gesäubert! Den jungen Kronprinzen, den greisen Feldmarschall umbrauste auf dem Spitzberg begeisterter Jubel des Siegesrausches.

Hundertneunzehn Kanonen, von veralteten Orgelgeschützen und Espingnolen abgesehen, dreitausendvierhundert Gefangene, angeblich vierzig oder zweiunddreißig Danebrogs, wovon neun wirklich eroberte: so die Trophäen. Daß man auch noch vier Ambulanzflaggen von grüner Farbe dazu zählte, war etwas geschmacklos. Vierhundert Dänen wurden preußischerseits begraben, hundert Leichen wurden teils beim Rückzug mitgenommen, teils nach Alsen ausgeliefert, ebenso sieben- bis achthundert Verwundete. Außerdem pflegte man in preußischen Hospitälern achtzehn Offiziere fünfhundertachtzig Mann als Schwerverwundete. Dies würde einen Gesamtverlust von fünfhundert Toten, dreizehn- bis vierzehnhundert Verwundeten, überhaupt nach preußischer genauer Berechnung inklusive Gefangener von 5250 Köpfen ausmachen. Die Dänen gaben nur 4846 an, welcher Unterschied sich möglichenfalls dadurch erklärt, daß viele Leichtverwundete in der Liste nicht mitgeführt wurden. Auch berechnen sie heut nur 2832 Unteroffiziere und Gemeine als unverwundete Gefangene. Die deutsche Schätzung: 56 Off. 3549 Mann gefangen, schließt allerdings offenbar alle gefangenen Verwundeten mit ein. Da die 1. 3. 8. Brigade nach dänischer Angabe allein 4017 Köpfe verloren, die Artillerie aber außerordentlich viel verlor und auch I 3. Regiments tüchtig litt, so dürfte ihre Gesamtschätzung vielleicht zu niedrig sein. Doch zählen sie heut aktenmäßig vor: 114 Offiziere 222 Unteroffiziere 4485 Mann. Davon 39 Off. 61 Unteroffiziere tot. Verwundet 31 Off., wovon 11 schwerverwundet auf der Walstatt blieben, 57 Unteroffiziere, wovon 22 in Feindeshand. Also überwog die Zahl der Toten bei weitem: ein Beweis für die Erbitterung der Verteidiger.

Die Preußen verloren 17 Off. 246 M. tot, 54 Off. 884 M. ver-

wundet. Am meisten verloren die Fünfunddreißiger: sodann Leibregiment und Posener je 135. Bei Kompagnieverlusten sah die Sache anders aus, da kam sogar Kompagnie Kameke der Fünfunddreißiger erst an drittletzte Stelle, obenan nach 1./53 und 9./Leibrgt. nochmals 12./Leibrgt. Da zwar nicht 85 dänische Offiziere tot und verwundet, 66 gefangen waren, wie preußische Kriegshistorie angiebt, immerhin aber 70 und 44, so konnte auch Einstellung von 66 freiwilligen schwedischen den Bedarf nicht decken. Von den bereits bei Düppel anwesenden schwedischen Offizieren waren 3 tot, 2 verwundet, 5 gefangen nach preußischer Angabe, in Wahrheit jedoch schon sehr viel mehr.

Den Fünfunddreißigern überwies man nicht unberechtigt den ausgesetzten Ehrenpreis für den am meisten sich auszeichnenden Truppenteil: ein Silberhorn. So rühmlich die Truppenleistung, übertrieb man sie noch. Da schrieb Einer nach Hause: „Am Brückenkopfe ist's besonders mörderisch hergegangen. Wie die Leute schließlich den Brückenkopf nahmen, ist fast unerklärlich.“ Erklärlich genug, da sie ihn überhaupt nicht nahmen, sondern erst betraten, als kein Feind mehr drinnen. Doch dies etwas überspannte Hochgefühl, dem freilich König Wilhelm bald darauf in einer würdevoll vornehmen Ansprache einen seinem lautern Takt entsprechenden, durchaus angemessenen Ausdruck lieh, stammte aus tieferen, edleren Empfindungen. Der gerechte Stolz, daß hiermit das über die Achsel angesehene, geringgeschätzte Preußen wieder seine alte Spannkraft und europäische Geltung wiederfand, verband sich mit geheimer Hoffnung auf eine neue glückliche Zeit, auf ein Heben nach aufwärts, das jetzt im ersten Schwunge zu sein schien.

Drüben lag Sonderburg am andern Tage leer und öde, kein lebendes Wesen zu sehen unter seinen freundlichen roten Ziegeldächern, die lange nicht so verwüstet aussahen, als man nach häufigen Feuersbrünsten glaubte. Die aufgeworfenen Batterien auf den Höhen schweigend und scheinbar unbesetzt, die Schiffbrücken teils ausgefahren, so daß die Pontons auf den Fluten trieben, teils noch in Flammen stehend. Vorm Ausgang des Wenningbunds auf der offenen blauen See fuhr Rolf Krake auf und nieder, wagte sich aber nirgends heran, obschon der schmale Landstreifen zwischen Brückenkopf und Schanzen noch von Schützen belegt.

Noch einmal zog in jedem Gemüt der Sieger als stolze Erinnerung das Gesamtbild vorüber. Düppelsturm als Ganzes aus der Vogelperspektive!

„Immer 'rin ins Vergnügen!“ johlt ein Berliner und erheitert am Boden auf dem Bauch liegende Landsleute im ausgehobenen Laufgraben dicht vor den Ausfallstufen mit heroisch-zynischem Witz. „Soll mir doch wundern, ob jetzt einem —“

Da dröhnt Kommando: „Achtung! Marschmarsch hurrah!“

'Raus! Los! Zehn Uhr vormittags. Offiziere lassen ihre Taschenuhr aus erhobener Hand sinken, der Geschützdonner schweigt plötzlich wie abgerissen. Sechs Sturmsäulen wälzen sich aus den Laufgräben, entrollen aus der Höhle heraus ihre waffenblitzenden Glieder wie Ringel einer vorwärtszuckenden Schlange. Schanzkörbe der Brüstung längs der steilen Parallelböschung umwerfend, beschleunigen die vorderen Schützen ihren Laufschritt gegen hochbordige Wälle, wo trotzig rotes Danebrogbanner mit weißem Kreuze sich bläht. Auf schwarzweißen Panieren, die immer voraus und vorwärts flattern, spreizt der Adler seine Krallen, der Adler der Hohenzollern, kampfgierig und sieglüstern nach langem faulem Frieden im heimischen Horst.

Klang scharfer Kommandostimmen mischt sich in die Signale, Tambours schlagen an und mit entrollten Fahnen festen Tritts geht es gegen den Feind. Da werden Fahnenquasten von Kriegsdenkmünzenbändern zerfetzt, wenn Offiziere und Träger gemeinsam in eiligem Lauf das Banner weit vorausführen unter die vordersten Schützen. Unter vielstündigem Granathagel des Morgens liegt die Flensburger Chaussee wie abgegraben, gefällte Baumstämme legen sich wie von selber quer übern Weg. Vorn aufsteigende Höhen, hinten der breite Sund, kein angenehmes Fechten. Und überall drüben auf Alsen durchs Geäst dampfumflorter Uferparks rastlose Bewegung beim Feinde, der sich vielleicht nur so lange zu verbergen sucht, bis er über ellenlangen Schiffsbrücken herausbricht und den Meeresarm hinüberstürmt, den bedrängten Waffenbrüdern im Düppeler Sundewitt die Hand zu reichen. Die Batterien von Sonderburg werfen noch eine Masse Eisen herüber, obschon ihnen Bedienung knapp wird. Die lange Kampfzeit der vorausgehenden endlosen Beschießung that's ihnen an, sie schmelzen von Stunde zu Stunde. Da wirft auch draußen von der blauen See ein ragender Panzerturm überm dunkeln Deck eines Kriegsschiffs Granaten auf das Gelände.

In der Aufregung gehen viele dänische Kugeln zu kurz, so kämen wenig Stürmer heil davon. Doch vor ihnen her machten Granaten gezogener Vierundzwanzigpfünder längst Luft und freie Bahn. Das so lange störende Flankenfeuer der Inselbatterien von drüben legte sich längst. Selbst das ferne Schloß Gravenstein litt ja davon, wo der deutsche Oberfeldherr heute als Schloßherr saß.

Und nun entrollt sich mit Windeseile das glorreiche Schauspiel des Düppelsturms. Über jede Erhöhung, aus allen Vertiefungen starren Gewehrläufe, jeder Fußbreit Bodens muß blutig erobert werden. Trommelwirbel hallen ins heillose Geknatter, Offiziere werfen sich unter immer neuen begeisterten Rufen in dichtesten Pulverdampf hinein. Überall zum Sturm geschlagen und geblasen, rascheres Tempo, längerer Trommelwirbel. Tod und Verderben, wer fragt danach beim Sturme!

„Jetzt durch! Zeigt, daß ihr brave Preußen seid!" Energisch schlagen Spielleute den Takt, die Mannschaft schießt, bis die Gewehre verschleimen. Helles Kugelpfeifen und Brausen der Granaten von beiden Seiten, hoch in der Luft mit hartem Knallen zerstäubend. Rückhalte stürmen heran in vollem Helmschmuck, indes die Sturmsäulen in Feldmützen anliefen. Kugeln schlagen hinter Schuppenketten der Helme durch und nehmen ein Ohr mit, so eine Art Maulschelle des Schlachtengotts. Offizieren wird der Helm vom Haupte heruntergeschmettert, sie fallen, um sich nicht mehr zu erheben. Kerzengrade, wo alle Schützen sich ducken und unwillkürlich kriechend weiterlaufen, schreitet wohl ab und zu ein Hauptmann steif wie ein Bolzen durchs Feuer mitten hindurch.

Dänenführer in braunem Überrock und weißem rotgestreiftem Schawl färben diese rotweißen Landesfarben wacker mit eigenem Blute. Mann an Mann schwarzblaue Röcke und Käppis, hellblaue Hosen und hellblaue lange Winterröcke, letztere braun bei der Artillerie. Nur schwarze Tschakos mit Kokarde und breitem Metallstern am Vorderschild des achtzehnten Seeländer Regiments am Brückenkopf, wo grüne Ambulanzflaggen wehen, unterbrechen das einförmige Aussehen der Danebrogkämpfer. Einförmig auch ihre Haltung, fest und zäh, aber schwunglos. Wie anders die preußischen Stürmer!

Selbst Verwundete kriechen weiter die Hügelwände empor, denn vorm Feinde verträgt man schon eine Portion Blutverlust. Armschüsse gelten für nichts, nur Beinschüsse, denn da langts nicht mehr zum Klettern. Patschpatsch klatschen die Bleibohnen am Abhang von oben bis unten. Wo mal einer sich aufreckt in ganzer Figur, giebt's ein Heidengeschieße auf den einzelnen Mann und bald ist er nicht mehr. Ins Gras geduckt wie Rebhühner, indes Blut über Erdsenke rieselt und drunten den Rasen betropft, geht's aufwärts ruckweise, nicht langsam, sondern windesschnell, nur mit kurzen Pausen im Sturme.

„Machen wir!" Wo der Wille zum Siegen vorhanden, ist guter Rat nicht teuer. Wie ein Berserker in Mauerbresche springt und dreinschlägt auf alles, was ihm entgegenkommt, bis er nicht mehr zuschlagen kann, so stürmen diese Sturmsäulen nochmals und nochmals weiter durch Lücken auseinanderklaffender dänischer Schlachtordnung.

„Die Teufelskerle sind ja ganz rabiat worden!" Diese Arme wollen nicht eher ruhen, bis sie zerschossen niedersinken, diese Tobenden nicht eher schweigen, bis sie sich ganz still auf die Seite legen ohne Wort und Ton, durch Herz oder Schläfe getroffen.

Da werden Augen feucht und naß um lebenslange Waffengefährten: Wer Blei in der Schläfe hat, der schläft auf immer.

In düstern Schanzkammern unter Rauch und Dampf würgt man sich weiter. Wo Umzingelte in wilder Hast die Hinterstufen und Rollbrücken hinabstürzen, um unbemerkt zu entschlüpfen, findet man sie drunten im Widerschein von Bränden heraus und sticht sie ab. Mutig fallen die Söhne der Inseln unter preußischen Bajonetten. Im Rauch von Geschützsalven erlischt das nächste Licht, wo die Verteidiger bespannte Feldstücke in die Verbindungsgassen heranschaffen. Bis aufs Messer entbrennt das Handgemenge, mit doppelter Gewalt wird Entscheidung gesucht, ohne sie finden zu können. Denn nur die vordere Hälfte der Schanzen lassen die Dänen fahren, noch lange nicht überwältigt. Verzweifelte Gegenwehr, wütende Kampflust, Fäuste packen sich wechselseits an der Gurgel, Blockhausthore und Verteidiger fallen unter mächtigen Schlägen. Bajonnetthilfe beschleunigt das Ende, allenthalben suchen die Stürmer sich Eingang und Zutritt. Alle Schanzen fallen, auch die der zweiten Sperrkette.

In den preußischen Laufgräben dahinter drängen sich Reserven so dicht, daß sie sich gegenseitig, ohne es zu wollen, Püffe und Stöße austeilen, doch wer beachtet das in solcher Not! Adjutanten reiten ab, sprengen ab und zu, neue Kräfte flüssig zu machen, denn mittlerweile dringt der Feind wieder in die zweite Schanzlinie ein. Die Reserven müssen noch gehörig bluten.

„Die schießen einem ja die Hüte vom Kopf!“ lächelt ein Offizier, abgerissene Helmspitze vom Boden aufnehmend. Oft genug tönt dumpfer Wehelaut eines durch den Leib Geschossenen mit dem nachfolgenden: „Übernehmen Sie für mich die Führung!“, oft das mahnende: „Freiwillige vor!“ Denn es giebt Augenblicke gefährlicher Stockung im Siegeslauf der Kampfberauschten, immer aufwärts Drängenden, obschon das Gelände zuletzt nach dem Brückenkopf im Hintergrund etwas abfällt. Die Spuren der entsetzlichen Mittagskämpfe zeichnen sich allenthalben in Blut ab, vom Sund bis Düppelmühle liegen Gefallene und Waffen haufenweise auf den Feldern verstreut.

Auf einem Manöver wäre das Panorama recht spannend und reizvoll erschienen, doch hier im bittersten Ernst verging einem das

Aufmerken aufs hübsche Gefechtsbild, jeder arbeitet jetzt finster vor sich hin. Brandenburger und Posener lassen Mann auf Mann am Abhang liegen. Doch es plagt sie nun mal lebhafte Neugier, sich die Zustände beim Feind hinter dessen besten Knickwällen in der Nähe anzusehen. Ja, da half nun nichts: um besseren Einblick zu bekommen, muß eben die ganze Linie nach vorn rücken. Fern liegt ja schwerlich mehr die Entscheidung, der letzte Augenblick. Wie ein Lauffeuer gehen Hurrah und Marschmarsch von einem Schlachthaufen zum andern. Der Stoß kommt so jäh und mächtig, daß die Dänen wieder Fersengeld geben und teilweise in voller Flucht, Tournister und Rollmäntel wegwerfend, durchs Barackenlager zum Brückenkopf hineinrennen. Wie im Fluge des Sturmwinds geschieht dies alles ohne Besinnen und dem Glacis der Brückenfestung sind einzelne Haufen schon so nahe, daß man bei regelrechter Belagerung Laufgräben auswerfen könnte. Die Schlacht ist so gut wie entschieden.

Es dauerte zwar vorher noch ziemlich lange, daß die Dänen mit weit hinausgeschobenen Vorderteilen sich an Erlengebüsch, ausgebrannten Gehöften, Düppelmühle und nördlich der Chaussee halten. Dann aber schallt der Schreckensruf: „Feinde hinter uns am Knick!“ und es wimmelt überall von stürmenden Preußen. Die Zipfel des Mantels, den einige dänische Offiziere trotz der warmen Witterung anzogen, und ihre rotweißen Schärpen fliegen förmlich im Wind, indem sie davoneilend nach der Seite hinüberschreien: „Zurück nach Chaussee, dort sammeln!“

Mehrere dänische Teile scheinen verloren, andere verschwinden eilig rückwärts. Wieder andere, seitwärts hinter Knicks in Deckung springend, senden schon vorbeistürmenden Posenern letzte Kugeln nach. Mancher, dem's im Finger kribbelt, um kehrtmachend die Miniébüchse an den Kopf zu reißen, merkt erst jetzt, daß ihm weder im Lauf noch Tasche letzte Patrone übrig blieben.

Die dänische Artillerie arbeitet nach Kräften, doch macht wenig Effekt. Allenthalben bleiben die deutschen Einschnürer im Drängen, aus so vielen Mündungen sich ihnen Anfangs der Tod entschleuderte. Doch diese Schanzmündungen sind nun stumm. Wohl gereicht es den mutigen dänischen Kanonieren zur Ehre, daß sie, auf wenige Bediener pro Geschütz herabgebracht, noch wiederholt in den

Schanzen ihr schweres Amt erfüllten. Es gab welche, die sich weigerten, sich zur Ambulanz fahren zu lassen. Unentwegt und aufrecht handhaben die Übrigbleibenden ihre Stücke, obschon feindliche Treffer oft den Verschluß ungangbar machten und die halbe Bemannung fortrafften. An entmannten Geschützen behaupten einzelne bis zum Schluß allein unter Toten und Verwundeten ihre gefahrvolle Stellung und fallen als Brave.

Nicht anders steht's bei den Inselbatterien drüben. Sie thun, was sie können. „Nur drauflos gefeuert! Ruhig zielen, kalt Blut!“ Und sie bleiben dabei. Wohl geht's da manchmal wie ein Ruck durch die dunkeln Massen drüben, es fällt da wohl allerlei. Aber deutlich sieht man die endlosen Reihen das Thal des Sundewitt heraufkommen, und kaum zieht man die vordersten Geschütze wieder ein, zu arg von Gammelmark her überschüttet, als auch schon neue Mündungen zahlreicher Feuerschlünde, aufs Düppelplateau selber vorrückend, mit lautem Brüllen sich öffnen. Freilich, nicht anders ist's auch bei diesen. Mittel- und Spitz-, Reit- und Zugpferde niedergeknallt mitsamt den Stangenreitern, Blindgänger aus Alsen und Gewehrkugeln vom Brückenkopf nehmen gleichzeitig die besten Kanoniere weg. Fahrer laufen zum Geschütz vor, die unverzagt mit ihrer Protze am Platze blieben, und laden fort und fort.

So eifern sie den tapfern Kanonieren von Missunde nach, die so ehrenvoll den Krieg eröffneten. Doch das launische Glück schont manchmal die tapfersten, grade sie kommen mit dem Leben davon. Und diese kühne preußische Artillerie blutet weit weniger als die dänische, selbst jene drüben in Sonderburg auf der Insel.

„Laßt mich liegen, Jungens, rächt mich lieber!“ ruft ein junger Offizier, der rücklings der Länge nach zu Boden schlägt, seinen Brandenburgern zu. Wutentbrannt stürmen sie durch alle Nebenhöfe übers Mauerviereck der Düppelmühle. Noch hält sich der Feind am Barackenlager und Baulichkeiten an der Chaussee. Weitere Angriffe stellt die schon so hart mitgenommene Besatzung der letzten Verteidigungslinie ein, ihre Schlußthätigkeit gilt nur noch erneuter Abwehr eines nie überwundenen Angreifers. Von Zeit zu Zeit ein Schuß aus Wallbüchsen und langen Rohren des Brückenkopfs, sonst alles ruhig von Dänengeschützen, die ja schon lange ihr Feuer einstellen mußten, in und hinter den Schanzen für immer zum Schweigen gebracht. Nur langanhaltendes Schützengefecht. Gut ausgebildete Schützen wie die Preußen wissen den Feind kopfüber hinter seine Deckungen zu zwingen, sobald in wirksameren Bereich des Zündnadelgewehrs hinaufgelangt.

„Nur noch auf Köpfe schießen!" „Keine Helmspitze zeigen!" „Patronen bereitlegen! Kein Schuß, bis ich ansage!" kommandieren einige ältere Unteroffiziere, jugendlichen Übereifer zügelnd, wenn feindliche Gegenstöße scheinbar drohen. Denn auf der ausgedehnten Linie muß jeder Schützenzug für sich selber sorgen, sein besonderes Gefecht bestehen. So auch früher zwischen Düppelmühle und Erlengebüsch, als der Feind noch einmal zu wildem Gegenstoß sich aufraffte. Ehe noch feindliche Kolonnen heran, wahrte eine kleine Macht vermischter, weit vorgedrungener Schützenzüge die bisher nur schwach besetzten Lünetten der zweiten eroberten Schanzenkette. Sie ließen die Spitze unbehelligt anmarschieren, dann krachte unaufhörlich ihr Schnellfeuer. —

Durch düstern Qualm gedämpft, dringen heftige Signale vom Brückenkopf herüber. Flüchtiger Hufschlag stampfender Rosse, Rollen von Kanonenrädern, Geschrei von Menschen und Tieren, barsches Schelten und Schimpfen durchgellt in verworrenen Lauten die schwarzgraue Wolke, die sich immer tiefer über Sund und Dünenwiese senkt.

Unterm Schatten dieser nur selten von Sonnenstrahlen gründlich gelichteten Pulvernebel zieht geheimnisvolle Bewegung langer Massen über den Meeresarm: alle noch diesseits befindlichen Bataillone und Batterien der Dänen schicken sich an, nach der Insel überzugehen. So belohnte denn glänzender Erfolg, der Feind ist überall geschlagen und abgeschlagen, die Salven müssen wohl gut gesessen haben. Soutiens rücken nach. Doch so leicht fällt die Sache denn doch nicht, auch die letzte Hochburg, das Bollwerk des Brückenkopfs, zu bezwingen. Vom Inselrand am Sonderburger Uferwald richtet sich ein Höllenfeuer auf die dichtgedrängten Schlachthaufen, deren Plänkler am äußersten rechten Strande des Sundewitt übers Meer zur Insel hinüberschießen. Mit Katzengewandtheit jeden Knick, jedes Straßengestrüppe als Deckung benützend, ducken die Deutschen sich nieder. Das furchtbare Toben der Massenbatterie bei Sonderburg wird minder eifrig, wird zusehends schwächer. Erst als preußische Tambours erneut zum Sturm anschlagen, belebt sich das Höhenfeuer wieder zu voller Stärke. So entsetzlich die deutschen Schwergeschütze auf die Sonderburger Höhe wirkten, das allein that nichts. Die tapferen Inselmänner lassen sich nicht einfach herausschießen.

Auch von Westen den Strand entlang zum Brückenkopf giebt es Thaten kühnen Beispiels im Vorwärtswandeln. Mancher, der schon für Führer zur Dekorierung vorgeschlagen, nötigt heut seinen Kommandeur, das Tintenfaß nochmals herauszuholen. Überall spornen beherzte Führer die Mannschaft zu erhöhter Thätigkeit an, dem zähen Gegner vermehrten Abbruch zu thun. „Immer auf den Rand, damit sie die Köpfe wegthun!“ Nach solchen deutschen Feuerkommandos ließen sich selten noch blaue Käppis über den Höhenknicks sehen. Doch kaum haben die Deutschen ihrerseits den Kopf überm Abhang, als es auch hageldicht auf sie herniederkommt. Mit großer Ruhe und Sicherheit schießen die Gegner aus jedem Erdloch, die Entfernung taxierend nach dem Einschlagen der Geschosse, die den trockenen Boden aufstäuben. Die Miniébüchsen knallen unverdrossen, der Kugelschlag dröhnt dumpf in Bäume und Telegraphenstangen am abgekohlten Barackenlager. Es kommt vor, daß ein versprengter abgeschnittener Däne sich noch wütend hinter einem Heck aufbäumt und seine Büchsenmündung so dicht auf den Helm eines Preußen abdrückt, daß die Kugel dicht überm Adler durchgeht und die Kopfhaut streift. Dort schwingt sich ein anderer über Steinbarrière und schmettert mit dem Kolben nach einem liegenden Schützen, nur um Todesstich quer durch den Kopf davonzutragen.

„Heraus von da oben am Brückenkopf müssen sie unter allen Umständen!“ meinen die Führer, und wenn dem Preußen befohlen wird, dann hält er sich genau daran und es geschieht. „Nur bald heran, dann wird sich's schon machen!“ Vor ihnen ganz freies Hügelfeld, das richtige Glacis, neben ihnen rechts und links hinhaltendes Schießgefecht auf der Düne, oben noch die feindliche Granateindeckung von Sonderburger Höhe und Uferwald — so rennen die Sieger gegen den Brückenkopf. Geräumt! Die mürben Dänen gingen auf und davon, konnten nicht mehr und wollten nicht mehr!

Und so war's entschieden. Vor ganz Europa bewiesen, daß dies neugeordnete Preußenheer wert sei seiner Väter von Leuthen und Bellealliance. Ja, das bedeutete mehr als der bloße Sieg. Und in der Satruper Kirche ging eine erhabene Predigt vom Altare aus, wo auf Stroh gebettet in voller Uniform mit Ordensschmuck der gefallene Hauptmann v. Cranach lag, unter wollener Decke, als ob er schliefe. Sein Sarg stand draußen vor der Kirchenschwelle und sein Bursche saß neben ihm, um auch beim Toten seinen Dienst zu thun und ihm den Rock zu bürsten. Glorreiches Sinnbild der Volksarmee! Der mitten im Glauben an den Sieg, als erster voran unter stürmenden Volksgenossen, im Bewußtsein erfüllter Ehre ohne Todeskampf und Schmerz heimgegangene Edelmann und das treue, streitbare Volk daneben in Leben und Tod, nicht aus schwacher Sklavendemut den eingesetzten Führern folgend, sondern in starker Erkenntnis gemeinsamer Pflicht!

Im Innern der Schanzen spielten die Regimentskapellen. Schwiegen sie in einer Schanze, nahm eine andere den Wohlklang wieder auf, als gelte es hier ein Festgelage deutscher Waffenherrlichkeit. Über den alten preußischen Melodien grollte noch Geschützdonner, als wollte man den Dänen nicht mal in ihrem Inselasyl Ruhe gönnen. Es klang wie ein Tedeum überm Grab der dänischen Herrschaft.

Alsen

Tiefe Dunkelheit lastete über dem Strand des Alsensund hüben und drüben, diesseits und jenseits. Doch im Sundewitt am Satruper Holz regte sich's leise. Was bedeutete dort das Rascheln und das Knacken im Unterholz? Langsam schob sich eine dunkle Kolonne von Pionieren und Ruderern dem Ufer zu.

Auf Alsen alles still. Vor drei Tagen lief die Waffenruhe ab, soeben nach Mitternacht rückte der neunundzwanzigste Junitag heran. In jenen nordischen Breiten schmelzen Abend- und Morgendämmerung zur Sommerzeit beinahe ineinander über. Mond und Morgensonne scheinen sich vermählend am Nachthimmel die Hand zu reichen, selbst in mondscheinlosen Nächten herrscht niemals wirkliche Finsternis. Auch diesmal aber begünstigte die Luft, begünstigten Schicksal und Natur die deutsche Sache. Denn es dunkelte ausnahmsweise, wenigstens am waldbestandenen Ufer, so stark, daß man im Satruper Holz nicht zehn Schritt weit und manchmal kaum die Hand vor Augen, geschweige die nächsten Bäume sehen konnte. Quer durchs Holz marschierend, folgte die Abteilung des Ingenieurhauptmanns Adler einem künstlich angelegten Kolonnenweg, längs welchem die Bäume angeschalmt und durch Umbinden von Strohkränzen markiert waren. An diesen fühlten sich die fünfzehn Schritt vorausmarschierenden Unteroffiziere entlang. Sonst hätte man sicher den Weg verfehlt, denn Benützung von Laternen mußte selbstverständlich vermieden werden.

Aber auch ohne daß Licht die lauernden Dänen aufmerksam machte, schwebte doch in den Lüften dumpfes Geräusch. Trotz Beobachtung größtmöglichster Stille konnten sechzehntausend Mann und große Wagenzüge, die sich auf schmalen Waldwegen heranwälzten, ihr rastloses Treiben nicht ohne einigen Lärm verführen. Als man die Boote ablud und durch die Wälder heranschleifte, mußte unwillkürlich ein lauter dauernder Tonfall am Strande Widerhall erwecken.

Die Dänen auf der Insel schienen sich aber mit irgendwelcher harmlosen Erklärung zu beruhigen. Ihre achtsame Rönhofbatterie spie zwar ein paar Granaten nach dem Sandberg hinüber, doch in weiten Zeitzwischenräumen. Sonst brütete düstere Stille auf den Gestaden der jenseitigen Küste, die man trotz der ungewöhnlichen erwünschten Dunkelheit deutlich in ungefährem Umriß wahrnahm, weil sie sich vom helleren Meeresspiegel abhob. Scharfgezeichnet schob das Vorgebirg mit dem Gehöft Arnkiels Öre seine Spitze vor.

Thatsächlich beschwichtigte der Feind seine Besorgnis mit der Vermutung, dies rege Leben und Weben bei Nacht drüben im preußischen Lager, das für geübte Ohren ein Fahren vieler Wagen verriet, deute nur auf Baracken- oder Batteriebau hin. Gleichwohl konnte preußische Führung sich nicht ohne weiteres mit dieser gleichgültigen Stille am jenseitigen Ufer befreunden. Denn wie leicht konnten die Dänen, durch Spione unterrichtet, sich nur schlafend stellen, den toten Mann spielen, um dann bei Nahen der deutschen Boote wie ein gereizter Löwe furchtbar zu erwachen und dem überrumpelnden Handstreich ihrerseits überraschend heimzuleuchten!

Doch was nützte es, an solche Möglichkeit zu denken! Der Übergang mußte sein. Es war befohlen, und wenn im preußischen Heer befohlen ist, dann giebt's kein Wenn und Aber mehr.

Der Chef des Generalstabs, selbst ein geborener Däne, erschien selber auf dem Kriegsschauplatz, um das große Unternehmen zu überwachen. Nachdem er Schlag zehn Uhr abends seine übliche Whistpartie mit Podbielski beendet, begab er sich zum Düppelberg nach Schanze Zehn, um als Zuschauer dem kriegerischen Akte beizuwohnen.

Durch Eifer zweier Holsteiner, des Schiffsbaumeisters Tamm aus Rendsburg und des Kauffahrteikapitäns Bartelsen, hatte man auf Eider und Schley hundertvierzig Kähne zusammengebracht und samt Rudern, Sitzbänken, Tauen, Wasserschaufeln mittels Eisenbahn und Erntewagen der adligen Güter aufs Sundewitt geschafft. Damit konnte man mehr als drei Bataillone auf einmal über den schmalen Alsensund übersetzen. Es traten noch zwanzig Boote hinzu. Pontoniere sollten Stabspferde, Geschütz, Reiterei auf sechzehn Maschinen je zwei gekoppelter Pontons zur Insel bringen. Freilich blieb das Wagnis immer bedeutend. An der feindlichen Küste beobachtete man lebhaften Patrouillengang, sowie Fertigstellung oder im Bau begriffene Anlage von gedeckten Geschützständen und Schanzen. Man schätzte die Besatzung auf zwölf Bataillone und traf hiemit das Rechte. Denn der dort kommandierende Divisionär Generalmajor Steinmann hatte eine weitere ihm aus Fünen angebotene Verstärkung hochmütig von der Hand gewiesen, da er schon allein mit den Preußen fertig werden könne, sollten sie so unklug sich blutige Köpfe holen wollen. Er besaß nur zweite, vierte, sechste Brigade, also Truppen, die größtenteils bei Düppel nicht fochten, Regimenter meist vollzählig, nicht gleichmäßig je sechzehnhundert Mann stark. Dazu erste, zweite Vierpfünder-, neunte Zwölfpfünder-Feldbatterie und zahlreiche Festungsartillerie. Im Ganzen elftausend Mann. Ein Flottengeschwader unter Orlogskapitän Muxoll bewachte die gesamte innere Küste zwischen Alsener und Augustenburger Föhrde, wo die eigentliche Insel groß und breit nach Norden ausladet, hier vom Meer schützend umgürtet. Die Flotte hatte auch Nordwestküste bis gegenüber dem Nordrand des Satruper Waldes zu bewachen, wo Halbinsel Kjär mit Sonderburg zwischen Sund und Föhrde als breiter Landfetzen aus der Inselmasse vorspringt und sich spitz nach Norden biegt. Nur vom Süderholz bis Arnkiels Öre brauchte Steinmann selber aufzupassen. Den Sund beherrschte er mit siebenundsechzig Geschützen in zum Teil versenkten Batterien. Fünfzig Wallbüchsen verteilte er auf die Schanzlinie. Die zweite Brigade mit acht Geschützen lag als Reserve bei Ulkebüll und Wollerup, um nach jeder Richtung aushelfen zu können. Sechstes Regiment unter Major Caroc mit vier Geschützen und einer Dragonerschwadron lagerte an der eigentlichen Nordküste, d. h. östlich der Augustenburger Föhrde auf der Hauptinsel. Nördlich von Sonderburg stand viertes Regiment der halben Brigade unter Brigadechef Oberst Faaborg nebst der neunten Feldbatterie, südlich fünftes und zehntes Regiment unter Oberst Bülow mit zwei Geschützen in den Gehöften von Kjär. Ein Bataillon der Reservebrigade Kauffmann befand sich übrigens bei Nacht stets in der Vorderstellung, um zu schanzen. Auf der rückwärtigen Halbinsel Kekenis, wo zwischen Sonderburger Süderholz und südlichstem Leuchtturm der Hauptinsel das Hörup Haff als Meerbusen sich einschiebt, befestigte und unterminierte man die ganz schmale Landenge Drei, wo die durchs Haff abgetrennte Halbinsel sich an die Hauptinsel anhängt, für den Fall des Rückzugs, falls die Trains dorthin abfahren und die Transportschiffe von der Landungsbrücke von Osterby auf äußerster Südküste die Geschlagenen aufnehmen mußten, was für etwaige versprengte Teile auch die Kriegsflotte besorgen sollte.

Übrigens verengt sich der Alsensund am Südende bei Festung Sonderburg derart auf sechshundert Schritt, daß sogar Büchsenkugel vom preußischen Südufer hinüberreichen und Artillerieduell hier auf tödlich nahe Entfernung stattfinden konnte.

— — — — — — — — — — — — — —

„Meine Herren, die Disposition des kommandierenden Generals ist Ihnen bekannt. Ich erweitere sie mit folgenden Einzelheiten," belehrte Manstein die ihm unterstellten Generale und Obersten. „Truppen gehen ohne Gepäck und Helme über, führen aber Rollmäntel, Brotbeutel, Schanzzeug mit und im Kochgeschirr für drei Tage Proviant. Der Mann bekommt achtzig Patronen, die man vor Nässe beim Bootfahren schützen muß. Um ein Uhr nachts haben die Truppen ausgeruht und abgekocht hinter den vier Übergangspunkten zu stehen."

In der ausführlichen Disposition Herwarths v. Bittenfeld, der an Stelle Prinz Friedrich Karls trat, stand zu lesen, daß um zwei Uhr morgens hundertsechzig Kähne ins Wasser heruntergelassen und das Einsteigen begonnen werden solle. Und zwar sollte an der schmalsten Sundstelle Ingenieurhauptmann Adler mit Pionieren,

Pontonieren, hundertsiebzig Infanteristen als Ruderer auf fünfzig Kähnen ein Bataillon Vierunzwanziger übersetzen. Hier war Raum für siebenhundertfünfzig Mann. Nördlicher davon von der Satruper Ziegelei liefen zweiundvierzig Kähne unter Ingenieurhauptmann Schütze aus, mit vier Pontonier- und Pionierkompagnien, welchen dreihundertvierzig Infanteristen als Ruderer dienten. Raum für sechshundertfünfzig Mann. Weiter nördlich am Nordrande des Holzes führte Pionierhauptmann Thelemann hundertsiebzig Infanteristen, vierzig Pioniere, acht freiwillige Zivilmatrosen auf neunundzwanzig Kähnen mit Raum für vierhundert Mann. Die größten noch übrigen einundvierzig Kähne lagen am nordwestlichsten in Bellegaard und sollten bei Einbrechen der Dunkelheit von dort südöstlich nach der Strandgegend von Schnabeck-Hage auslaufen mit Pionieren und hundert Ruderern der Infanterie unter Ingenieurleutnant Mantey und dort Füsilierbataillon Vierundsechziger einnehmen, nach erfolgter Landung auf Alsen aber dann nach nördlicherem Übergangspunkt zurückkehren, wo andere Truppen auf Einschiffung warteten. Hinter jeder dieser vier Bootszüge, die nur zweitausendfünfhundert Mann trugen und sofort wieder zum Sundewitt heimkehren sollten, um neue Truppen zu fassen, lagen nämlich fernere Hauptstaffeln. Hinter Adler und Schütze, welche zwei Bataillone Vierundzwanziger mit dem General v. Röder aufnehmen sollten, wie Thelemann ein Halbbataillon Vierundsechziger, lagen weiter rückwärts als zweites Echelon anderthalb Bataillone Vierundsechziger, anderthalb Fünfzehner. Drittes Echelon: zwei Bataillone Fünfundfünfziger, ein halbes Fünfzehner, brandenburgisches Jägerbataillon. Hinter letzteren Goebens erstes Bataillon Fünfundfünfziger. Auch Zietenhusaren sollten noch die Insel erreichen.

Die „Gelben", wie die Dänen wegen deren gelben Achselklappen die Posener nannten, waren heut nicht dabei, dafür die „Grünen", die Lübbener Jäger. Sollten außer Brigaden Röder und Goeben auch noch Schmid und Canstein mit hinüber, erforderte dies für die hin und her gehenden Boote schier übermenschliche Anstrengung. Doch Preußen bringen alles fertig und die Führer wußten, daß sie von ihren vertrauensvollen Mannschaften das Ungewöhnlichste, fast das Unmögliche erwarten durften.

Die dänische Führung that freilich alles, das Gelingen zu

erleichtern, in blinder Zuversicht auf Unmöglichkeit der kecken Landung. Auf der langen Uferstrecke, gegen welche sich der Angriff richten sollte, lagen nur siebenhundert Mann Fußvolk, hundert Artilleristen verteilt, wovon nur vierhundert Kämpfer nahe genug dem Strande, um hier entgegenzutreten. Vier Kanonen, vierpfündige Rüffelkanone in einer Barackenschanze, bestrichen das Gestade nicht genügend. Die nächste Unterstützung gewährte zweites Bataillon vierten Regiments unterm Regimentskommandeur Major Rauch bei Kjär-Hof.

„Melde gehorsamst, daß vierte Bootskolonne nördlich von Schnabeck-Hage eingetroffen, zur Mannschaftsverladung bereit,“ rapportierte fast flüsternd eine Ordonnanz dem Oberbefehlshaber, der mit seinem Stabe am Gehöft Peter Nissen hielt. Es war ein Uhr vorbei. Dreiviertelstunden später füllten die Füsiliere Vierundsechziger jene Kahnflotille Manteys, die in einer langen Reihe längs der Küste auffuhr und sofort mit Rechtsschwenkung auf Vorderspitze von Arnkiels Öre zusteuerte. Laut Disposition eine Viertelstunde früher als die andern Bootskolonnen abstoßend, landeten alle Boote fast gleichzeitig unbemerkt am jenseitigen Ufer. Erst als sie in nebelgrauer Ferne wie ein Entenschwarm schon nahe dem feindlichen Ufer dahinglitten, bahnten sich die andern Kolonnen durch hohen Buchwald und dichtes Unterholz, wo strohabgebundene Hauptbäume die Richtung wiesen, den Pfad zum Strande und schoben die Boote von steiler Uferböschung ins Wasser, um sie bei erforderlicher Tiefe flott zu machen. Man mußte dabei bis zum Gürtel ins Wasser waten, allein alles vollzog sich mit wunderbarer Ordnung, Genauigkeit und Schnelligkeit.

Das Füsilierbataillon Vierundsechziger unter Major v. Unruh kam schon fünfhundert Schritt über die spiegelglatte See, auf siebenunddreißig große Boote verteilt. Erst jetzt verriet unvorsichtiges Losgehen eines Zündnadelgewehrs dem feindlichen Uferposten die gefährliche Nähe. Man ruderte aber mit unglaublicher Schnelligkeit, so daß erst zweihundert Schritt weiter ein dänischer Schuß gegen die Boote fiel. Die besten Schützen standen überall in Spitzen der Kähne und diese eröffneten sogleich ein Schnellfeuer. Ein Tambour schlug den Sturmmarsch und sprang mit den Offizieren ins Wasser, noch ehe die Kiele auf Grund stießen. Die

Trommel hoch überm Kopfe, schlug er mit dem Schlägel drauflos, bis alle Füsiliere, im Wasser nachfolgend, die Landspitze umfassend, das Ufer erkletterten. „Marsch marsch!“ Man hatte schon Verwundete, darunter den Adjutanten Lt. v. Versen, beide Knochen des Unterschenkels durchschossen, und diese fuhren sogleich wieder mit den Booten zurück. Es war ein beklemmendes Gefühl, als die Füsiliere hier allein vor dem Feind standen, hinter ihnen der Alsensund, an dieser Stelle zweitausendfünfhundert Schritt breit. Man hatte solchen Umweg machen müssen, weil man von Bellegaard unmöglich die Küste entlang noch weiter hinauf unbemerkt hätte den eigentlichen nördlichsten Überfahrtspunkt erreichen können. Jetzt aber gab's ja nichts mehr geheim zu halten und die Boote fuhren eiligst nicht mehr nach Schnabeck-Hage, sondern dem nähergelegenen nördlicheren Uferplatz, von wo man in halb so langer Zeit überfahren konnte.

„Vorwärts, Kerls! Nicht rechts und links geschaut, vorwärts durch, dem Feind das Bajonett in die Rippen!“ ermahnten die Führer und schon war man binnen weniger Sekunden mitten drinn in feindlichen Laufgraben. „Immer vorwärts!“ Der Feind eilte nach der Waldung Fohlenkoppel vierhundert Schritt rückwärts. Eine vorgelegene ebene Hochfläche, zu welcher man unmittelbar vom Meere aufstieg, fast ohne Widerstand besetzend, stürmten die Füsiliere im Laufschritt unter Rühren aller Trommeln in den Waldrand. Eine kleine Schanze durchrennend, ehe dort eine Geschützlunte aufblitzen konnte, warfen sich die Brandenburger in den finstern Wald, an dessen Nordwestecke mehrere Schützengräben sich kreuzten. Dort kam es zu scharfem Handgemenge mit Kolben, Säbel und Bajonett, das fast im selben Augenblick endete. Die Dänen wichen von Westen nach Süden, die Deutschen folgten auf dem Fuße. Von Stellung zu Stellung flüchtete der Feind, ein frisches Halbbataillon ließ schon viele Gefangene in deutschen Händen.

So behaupteten nachher deutsche Berichte, doch verlor das dortige dänische Geschützdetachement nur einen Konstabler tot, zwei Mann gefangen, und das Strandpiket bestand überhaupt nur aus zwanzig Mann. Dritte Kompagnie vierten Regiments unter Leutnant Sarauw und Gesammelte unterm schwedischen Premierleutnant Klintebjerg nahmen hier den Kampf auf. Später führte auf Befehl des Brigadekommandeurs Faaborg noch Major Rauch sechste und achte Kompagnie vor. Oberst Faaborg, schon früh im Sattel, sandte seinen Adjutanten Zachariae zum General Steinmann, um Hilfe zu fordern.

Links überfiel man ein Barackenlager auf einer Waldlichtung, dreißig Gefangene und zwei Danebrogs gewinnend. Rechts übermannte eine Handvoll Füsiliere ein bespanntes Feldgeschütz, von der tapfer widerstehenden Bedienung entrann nur der zugführende Artillerieoffizier. Am Südrand der Fohlenkoppel schlugen schon Kartätschen von den Kriegsschiffen der Augustenburger Föhrde entgegen, doch rücksichtslos drang das Bataillon immer weiter rechts, so daß es statt ursprünglich den äußersten linken eine zeitlang den äußersten rechten Flügel bildete, bis sich nach und nach die andern Kolonnen heranschoben. Beim Waldgefecht dunkelte es noch so, daß man nur in nächster Entfernung Freund und Feind unterschied, jetzt ward es zusehends heller.

„Nie, ihr preußischen Satans!“ schlug ein alter dänischer Kapitän die Aufforderung zur Ergebung aus. „Lieber den Tod!“ Er hatte seinen Willen. Die Fohlenkoppel schwamm in Blut. Viele Danskes lagen kalt und starr da, wo sie gestanden hatten. Erst bei Tagesanbruch hörte das wirre Gemetzel hier auf. Viele Pferde, wohl meist verlassene Geschützbespannungen, standen abgefangen umher, als wollten sie dem Namen Fohlenkoppel Ehre machen. Als die Füsiliere sich am Südrand des Waldreviers sammelten, lagen Massen von Toten, Verwundeten, Gefangenen hinter ihnen. Sie selber sahen oft unglaublich aus, barfuß, weil die Stiefel im Uferschlamm steckenblieben. Die reinen Grasteufel. Es ging auf halbvier Uhr früh, als diese kühnen Dränger, nur flüchtig ihre äußere Figur musternd und ein wenig zurechtputzend, wieder mit Hurrah voraufstürzten gegen Rönhof, Kjär und Bagmoose.

Da die südlicheren Bootskolonnen viel kürzeren Seeweg hatten, traten sie kaum später in Landung und Gefecht ein. Die von Hauptmann Adler geführte Abteilung kam eine Viertelstunde nach ein Uhr ans Sundewittufer, ihre für jedes Boot abgeteilten Schiffer legten Hand an die Taue, welche, an den Vorderkuffen befestigt, die Kähne ins Wasser schleppen sollten. Gleich darauf stellten sich die vier ersten Kompagnien Vierundzwanziger unter Hauptmann

v. Papstein hinter die Borde jedes Kahns, welche Vorbereitung natürlich bei solcher Dunkelheit und Verhütung aller lauten Töne viel Mühe verursachte.

Überall erwartungsvolle schweigende Vorbereitung am silbergrauen Wasser. Tausende von Menschenhänden zogen hier die Kähne ins Meer.

„Los!“ Endlich rollten die Fahrzeuge leise, doch den Anwesenden diesseits überall vernehmbar, in den Sund. Der Sand knirschte, der Boden hemmte hier mehr, dort weniger, meist flogen die Boote nur so hin über den knappen Rasen, denn wilde Aufregung spannte alle Muskeln straffer. Offiziere mit den Bord schiebend, ging's ins Moorwasser hinein. Man horchte gespannt, ob nicht von jenseits sich etwas rühre, Granaten geflogen kämen.

Aber nichts, nichts! Erst hundert Schritt vom Ufer gewann man genügende Wassertiefe, erst jetzt stieg alles gleichzeitig von beiden Seiten ein. Ein paar hintere Kähne, wo die Mannschaften, in der Hast nicht zurückzubleiben, blindlings nur von einer Seite hineinkletterten, schlugen um. Doch die im Wasser Zappelnden fanden noch Grund und niemand kam zu Schaden. Die Vorderkähne befanden sich schon in voller Fahrt, sechshundert Schritt vom feindlichen Ufer. Rastlos weiter! Endlich krachte ein Gewehrschuß, dann ein zweiter und dritter. Doch selbst Hinterkähne gelangten schon bis zur Mitte des hier nur achthundertfünfzig Schritt breiten Sundes. Grade jeder vereinzelte Schuß bewies, daß man erst jetzt drüben etwas merkte, nicht etwa geheimnisvolle Tücke dahinter steckte.

Schnellfeuer der Kolonne Mantey antwortete schon weiter nördlich. Jetzt stand bald die ganze Küste in aufflammendem Salvenblitz.

Diesseits knatterte Schnellfeuer der Vierundzwanziger Füsiliere, die als Schutz der losdonnernden Strandbatterien von Sandberg bis Eckensund gegen Sonderburg schossen, um auch Übergang an dieser Stelle vorzuspiegeln und so des Feindes Aufmerksamkeit zu teilen. Nicht minder der Sechziger am Rand des Satruper Holzes, die alsbald nach Entdeckung den Übergang durch Schnellfeuer decken sollten. Je mehr sich bei zunehmender Morgenhelle und dem Aufzucken der Schüsse die feindliche Batteriestellung erkennen ließ, verdoppelten die preußischen gezogenen Zwölf- und Vierundzwanzigpfünder ihre erschütternde Wirksamkeit. So brauste über beide

Ufer des stillen Alsensunds der Schlachtensturm mit erschreckender Donnergewalt, so schien eine ganze Hölle losgelassen, ein Aufruhr der Elemente entfesselt, worin Erde, Wasser, Feuer, Luft in einem einzigen Orkan feindselig aufeinanderstießen. Weit drüben bei Rönhof loderte ein Fanal: Zeichen der Dänen zu allgemeiner Kampfbereitschaft, Zeichen, daß der Feind nun wisse, woran er sei. Hatte man vorher in banger Erwartung die Minuten gezählt, so daß man den eigenen Herzschlag klopfen hörte, ungewiß, ob nicht den Tapferen in der Kähneflotte sicherer Untergang drohe, so brach jetzt ein dröhnendes Hurrah aus Tausenden von Kehlen los.

Aufschrei elementarer Kraft, das gepreßte Herz erleichternd und zu den Wolken ansteigend, um einer begeisterten inneren Zuversicht Luft zu machen! Nichts mehr von peinlicher Stille, laut und kühn das deutsche Feldgeschrei in die Lüfte gesendet! Nichts Gutes verhieß solche Frische und Freudigkeit den erbangenden Feinden, verkündete den vier sich befehdenden und mischenden Elementen, daß noch ein fünftes Elementares walte, stärker als sie alle: des Menschen naturbezwingender Wille. Denn nichts kläglicher, doch auch nichts gewaltiger als der Mensch, und des Menschen Wille ist sein Himmelreich.

Übers Wasser schleuderte die Rönhofbatterie ihre Eisenboten in den anbrechenden Morgen hinein. Manchem Boot riß ein Granatstück den Steven fort. Ruder wurden zerschmettert, Bootswände durchschlagen. Wasserschaufeln, Kochgeschirr, Feldmützen schöpften die eindringende Salzflut aus dem Leck zurück. Bei eng zusammensitzender aneinandergeschmiegter Mannschaft aller nachfolgenden Übergangsteile bespritzte häufig Blut von Getroffenen die Nebenleute, so daß Mancher anfangs glaubte, auch er sei getroffen. Es kam vor, daß Boote mit einer Leiche an Bord hin und her fuhren, ohne sich Muße zu lassen, den entseelten Kameraden ans Sundewitter Landufer zu schaffen. Alle nachrückenden Kompagniekolonnen traten zu je zwei aus dem Holz, zogen die Stiefel aus, Hosen in die Höhe und wateten als Sansculotten an leere Fahrzeuge heran.

Ein kleines Boot mit dem Regimentskommandeur der Vierundzwanziger, Oberst Graf Hacke, geführt vom Ingenieurleutnant Petri, flog an der Spitze voraus. Hoch am Steuerbord eine schwarzweiße Fahne, ausgesuchte Leute an Bord, Pionier Lüben als Steuermann. Kaum dreizehn Minuten vergingen, als die fast gleichzeitig in einer Reihe pfeilschnell dahinsausenden Kähne gemeinsam das Land berührten. Die Ruder setzten keinen Augenblick aus: fiel ein Pionier, so fand er gleich einen Ersatzmann im nächsten Musketier. Ein lautes Hurrah aus allen Kehlen wie auf ein gegebenes Signal begrüßte die immer näheren Kartätschlagen. Doch floß schon manches tapfern Mannes Blut ins Meer. Pionier Lüben am Vordersteven, der Vorderste zum Ufer hin, sank lautlos übers Steuer, durch die Schläfe getroffen. Lautlos ergriff aus seiner erkaltenden Hand Leutnant Petri das Steuer. Mit vorbereiteten Wergpfropfen und Kleidungsstücken stopfte man die Kugellöcher, welche bald viele Boote spickten, und hielt sich so lange flott, bis man ins seichtere Wasser kam. Nur einige durchlöcherte Fahrzeuge konnte man nicht über Wasser halten. So kippte auch eins, in welchem der Fahnenunteroffizier mit dem Feldzeichen saß. Hauptmann v. Radowitz schwamm von einem in der Nähe befindlichen Kahne hin und rettete Fahne und Mann. Meist gute Schwimmer, arbeiteten sich alle Gesunkenen, sofern sie nicht von andern Booten aufgenommen, zum schützenden Inselstrande durch. Zum schützenden, denn schon mußte auch hier der Feind den Uferbord verlassen, als die Mannschaften bis zur Hüfte ins Wasser sprangen und in die Schützengräben hinaufliefen.

„Zwei Uhr elf Minuten!" stellte ein Offizier den Zeitpunkt fest, wo die ersten Boote landeten. Diese brauchten nur elf Minuten, um die Sundstelle unter lodernden Granatblitzen zu durchmessen. Im selben Augenblick der Landung flammten die dänischen Fanale durch die Dunkelheit, welche bisher der Preußen geräuschloses Näherkommen sicherstellte. Zu spät! Die Landung war geschehen, und wo der Preuße einmal Fuß faßt, da giebt es kein Rückwärts mehr.

Leutnant Petri, der improvisierte Steuermann, setzte zuerst den Fuß ans Ufer, hinter ihm pflanzte Oberst Graf Hacke mit eigener Hand das Preußenbanner auf. Unaufhaltsam ging es weiter. Umsonst spien zwei Feldgeschütze Kartätschen, das Gehöft Arnkiel fiel sofort. Der Feind floh in die Fohlenkoppel=Waldung. An der Lisière ereilte Lt. Graf York v. Wartenburg ein zwölfzölliges

Feldgeschütz mit Bespannung und Bedienung, das soeben erst sich ins Feuer setzen wollte. Ein niedergeschossenes Zugpferd hemmte den ganzen Zug, den Graf York gleich zum Stehen brachte und samt dem führenden Kapitän-Batteriechef gefangennahm. Südlicher am Strande feuerte noch ein Trupp von sechzig Dänen beharrlich gegen die überfahrenden Truppen. Bataillonsadjutant v. Rheinbaben hieb hier persönlich mit ein, als man nach schwerem Ringen dieser braven Leute Meister ward, die sich mit wütender Erbitterung wehrten.

Links. davon gelang dem zweiten Bataillon Vierundzwanziger kein gleichzeitiges Einschiffen. Die Pioniere und zur Arbeit kommandierten Schiffer hatten alle Hände voll zu thun, die Kähne ins Wasser zu bringen, was weder leicht noch ganz geräuschlos von statten ging. Dennoch brach kein Laut die geheimnisvolle Stille am jenseits dämmernden Ufer. Um zwei Uhr kam der Befehl zum Einsteigen, was aber so viel wie ein prickelndes Morgenbad in Salzwasser bedeutete. Denn da die Boote meist auf den Kiel gebaut und die Ufer sehr flach waren, nachdem man auf schmalem Wege die Fahrzeuge den hohen Abhang hinunterzog, mußten die Leute auch hier bis zum halben Leib in die Flut. Sobald die fünfte Kompagnie vom Ufer abstieß folgte die sechste, bei welcher sich ein kurhessischer Oberleutnant v. Loßberg, ein Neffe des Generals Canstein, zur Dienstleistung zugethan, befand. (Dieser Offizier folgte als Patriot den Preußen in den deutschen Einheitskrieg ohne Erlaubnis seines Kriegsherrn, des altväterischen Zopftyrannen von Hessenkassel, der ihn in allergnädigster Entrüstung zu Festungsstrafe verurteilte, worauf Loßberg flink ins preußische Heer einsprang.) Zwischenräume von einigen Minuten zwischen den einzelnen Kompagnien erforderte diese Art der Einschiffung, doch schwamm die fünfte schon drei Minuten nach zwei Uhr auf dem Alsensund, hier tausend Schritt breit.

„Ganz wie wilde Enten!“ murmelte ein Offizier, nach links durchs Morgendämmer lugend, wo die Vierundsechziger in der Ferne vorausruderten. Mit immer rascheren Schlägen ausgreifender Ruderer flogen die Kähne zur immer noch schweigenden Küste. Da mit einem Male brannte ein Feuerwerk los, wie man sich's nicht großartiger wünschen konnte. Kartätschen plätscherten um die Boote herum, das Wasser spritzte hoch auf. Granaten heulten, Fanale brannten auf der Insel. Diese zweite Bootskolonne war also viel später heran als die vierte und erste, da der betreffende Zeitpunkt, wo jene landeten, sie noch mitten auf dem Sunde traf. Von hinten pfiffen die Kugeln der Sechziger, so daß man auch im Rücken sich gefährdet glaubte. Dennoch sank die Stimmung keineswegs unter solch schnaubendem Donnerwetter.

„Hurrah, vorwärts, vorwärts!" schollen unaufhörlich die Zurufe der erregten Mannschaft. Grimmig antwortete drüben dänisches Feldgeschrei. Eine Granate aus den Rönhofschanzen schlug einen Kahn der sechsten Kompagnie in Stücke, eine ganze Bordwand wegreißend, Boot und Mannschaft gingen versinkend in die Tiefe. Aufschreie, Rettenwollen der nächsten Boote —

„Kein Halten! Vorwärts!" schnitt barsche Kommandostimme den unnützen Versuch ab. Fünf von zweiundzwanzig ertranken, andere rangen erfolgreich mit den Wellen, durch ausgestreckte Ruder gerettet und später in ein anderes Boot gezogen oder erschwammen das jenseitige Ufer, meist sogar ihre Gewehre behaltend.

Dreihundert Schritt nördlich einer feuernden Geschützgruppe kletterte fünfte Kompagnie die fünfzehn Fuß hohe Uferwand hinauf, säuberte die Schützengräben und jagte im Verein mit der sechsten auch hier den Feind in die Fohlenkoppel hinein, immer hinterdrein in lustigem Kesseltreiben, an jener Strandbatterie atemlos vorbeistürmend bis zum Waldrand.

„Halt! Kehrt! Auf die Geschütze!" General Röder erschien hier selber, hochaufgerichtet im Boote hatte er das Landen überschaut und rief schon von weitem den Seinen zu, nach rückwärts deutend, wo eben wieder eine Batteriesalve krachte. Also kehrt! Er warf sechste und siebte Kompagnie gegen jene südliche Schanze, wo drei Geschütze immer noch standhaft feuerten. Jetzt erst achtete man ihrer. Es war ihre letzte Salve. Binnen zehn Minuten gehörten sie den Preußen samt zwei Offizieren fünfzig Mann Bedienung und Bedeckung. Noch hundert Schritt südlicher davon feuerte ein einzelnes Geschütz, Lt. v. Brockhusen stopfte ihm bald den vorlauten Mund. Die Gefangenen, trotzig dreinschauend, trieb man rückwärts den Booten zu, welche sie nach dem Sundwitt brachten. Auch hier schwenkte man immer rechts zum Südrand der Fohlenkoppel und machte dort Halt weitere Befehle erwartend. Die fünfte Kompagnie kehrte dorthin von der Augustenburger Föhrde zurück, bis wohin sie nachstieß und dort von dänischen Kanonenbooten Kartätschen entgegennahm. Der Feind floh südlich auf Kjär und Bagmoose.

Eine Viertelstunde vor zwei Uhr schob die dritte Kolonne ihre Kähne ins Wasser. Hier waren die kecken Vierundsechziger des Majors Hüner außer sich vor Vergnügen über das herrliche kriegerische Schauspiel, als ihre Boote über den Meeresarm nur so dahinflogen. Ihre Ruderer thaten mehr als ihre Schuldigkeit, ihre besondere Kraftanstrengung ermöglichte regelmäßige Fahrt trotz jähen Shrapnellhagels aus gegenüberliegenden Schützengräben und Geschützeinschnitten am Kamm des Uferrandes. Ein Kavallerieoffizier, der sich als Freiwilliger anschließen durfte und ein kleines leichtes Boot erwischte, in welchem er mit einem Kameraden von der Infanterie und sieben Mann nur knapp Platz fand, hatte eine Fahne bei sich. Dies Boot schoß allen andern voraus.

Auf beiden Ufern zuckten unzählbare Blitze, Kugeln von Freund und Feind pfiffen um die Ohren oder wenigstens über die Köpfe weg. Durch die noch ungebrochene trübe Dämmerung sausten schwarze Ungetüme vom Sonderburger Schlosse her und verbreiteten rötliche Lichter überm Wasser: ein Platzregen von Granaten ging in den Sund nieder und bei jeder fürchtete man, sie werde zu Häupten der Rudernden niederfahren.

Erstaunlicherweise verlor man aber nur einen Pionier auf dieser elfhundert Schritt langen Überfahrt, während die vierte Kolonne sogar Null einbüßte. Die minder überraschend aufgetauchte zweite ließ drei, die erste freilich gar vierzehn Brandenburger Pioniere bluten.

„Bah," lachte der Kavallerist, als alles gut vorüberging, „der liebe Herrgott ließ hier viel Platz neben uns kleinen armen Menschenkindern!" Der Anblick stimmte feierlich, wie diese Boote voll wehrhafter Männer wie winzige Nußschalen auf der trügerischen weiten Meeresfläche dahinschwammen. Um innere Beklommenheit loszuwerden, stimmten auch hier schon inmitte des Sundes alle Fahrenden ein jubelndes Feldgeschrei an. Es wollte nicht enden, als wolle man den Schmerzensruf einzelner Verwundeter betäuben.

Und so ging's dicht am Lande durch einen Wolkenbruch von Kartätsch- und Flintenkugeln hindurch. Doch nur Wenigen war hier eine Wunde zugedacht, alle schwangen sich aus dem Kahn ins Wasser, jeder einzelne stürmte, kaum gelandet, das acht Fuß hohe steile Ufer hinauf. Der Kavallerieoffizier mit der Fahne schloß sich dem Hauptmann Graf Maltzan und Lt. Tortilovius an, die als erste die nächste Schanze erstiegen, pflanzte die Fahne auf, sah sich dann unter einen offizierlosen Trupp abgedrängt.

„Ihr seht euch wohl nach einem Führer um? Kommt her, das will ich sein. Mir nach!" Mit überlautem Zuruf ernannten ihn die Hacketauer zu ihrem Offizier, ihm unter donnerndem Hurrah folgend, durch einen Verbindungsgraben bis an die vorspringende Ecke der Fohlenkoppel. Der Widerstand erwies sich hier ziemlich stark. Doch es ging in dem flammenden Inseldreieck alles drunter und drüber. Wo über Gehöfte und Gärten der vorspringenden Uferdörfer die Sonderburger Höhen hinausragten, warfen dänische Batterien mit jähem Aufflackern von Kampftrotz ihre Granten entgegen. Doch an vielen Uferpunkten legten deutsche Schüsse, deutsche

Bajonette Bedienung und Bedeckung nieder. Als man abends Appell abhielt, da waren gar viele dieser zähen dänischen Kanoniere abgerückt zu ihren Vätern von der großen Armee.

„Nicht gut abgekommen! Besser aufpassen!“ Und nun fleckts. Wie der Blitz sind die Dänen aus ihren Verstecken heraus und rollen abschüssige Straße hinab, im Schmerz ihre Miniébüchsen hinter sich werfend. Aber frech genug kamen sie wieder aus Hecks und Knicks, Schützengräben und Baumgruppen hervorgekrochen, sprangen auf und liefen mit aufgestecktem Haubajonett an.

„Na wartet nur!“ Müssen die Preußen wieder zurück, bis frischlandende Schlachthaufen der Ihren sie ablösen, wie sie von brandenburgischer und westfälischer Division dem Schlußunternehmen zugeteilt? Nein, die preußischen Reihen hielten fest, drängten die Dänen längs der Augustenburger Föhrde immer rückwärts. Erst zuletzt kam man an verrammelte Vorwerke. Wie toll schoßen hier die Dänen aus den Fenstern, die Preußen umgekehrt in die Fenster hinein. Bis dahin aber rang man immer noch im Dickicht der Fohlenkoppel, wo wiederholt neue Gefechtsgruppen sich festsetzten, auf Lichtungen verzweifelt entgegentraten, in ihrer Mitte verwundete Offiziere, auf gezogenem Degen als Stütze sich aufrechthaltend.

Einmal schien auch ein Geschwader heranzulanden, durch dumpfes Brausen der Brandung längs Augustenburger Föhrde vernahm man klappernden Hufschlag, doch nur einige abgeschnittene Dragoner mit Kammhelmen wurden sichtbar, die umzingelt unter Gewehrläufen absaßen und sich gefangen gaben. Überall führte man Entwaffnete, meist unverwundet, aus erstürmten und ausgeräumten Schanzen und Laufgräben ab. Was in den Wald entkam, sah sich bald auch dort bedrängt. Der preußische Löwe läßt nie los, ob auch sein eigenes Blut in Bächen rinnt, und hier blutete er kaum.

Vier deutsche Bataillone, Pioniere inbegriffen, mußten freilich des einen (vierten) dänischen Regiments, das hier allein ununterstützt in Vorpostenstellung lag, wohl endlich Herr werden, nachdem es seines Geschützes und seiner Verschanzungen beraubt. Es fragte sich nur, ob die anrückenden Reserven von den Brandenburgern gleichfalls langsam nach dem Sonderburger Lager zurückgeschoben werden könnten. Anfangs wollte man sich mit Festhalten des westlichen Sundufers begnügen, bis die Nachhilfen landeten. Die Brandenburger benahmen sich jedoch so brav und folgten so willig ihren Führern, daß ihr ungestümes Draufgehen allmählich bis zum Ostufer durchdrang. Erst jetzt ermannte sich der Gegner und verteidigte gut aufpassend Punkt für Punkt. Von der Flotte erhob sich gewaltiges Geschützfeuer, das zwar anfangs über die Köpfe wegging, dann aber den ganzen Uferraum zum nächsten Waldstreifen bestrich.

„Halt werda!" Unheimliches Knistern verriet Einschieben des Schlößchens von Zündnadelgewehr. „Gut Freund, Preußen!" Die Spitze aller andern Bootskolonnen schob sich soeben mitten zwischen die vierte ein, die am weitesten östlich vorkam, und verlängerte im lastenden Dunkel und Pulvernebel die Angriffslinie. Im allgemeinen Ringen hatte auch die dritte Kolonne schon namhaften Verlust zu beklagen. Graf Maltzan fiel, Schuß durch Auge und Kopf. Lt. Tortilovius ging heil aus, für grausam schmerzhaften Tod in ärgerer Mordschlacht am Dorfe Vionville aufgespart.

Insel und Wald rauchten im Dunkel von Feuer und Blut. Das preußische Fußvolk fühlte sich darin gleichsam abgeschnitten von der übrigen Welt. Der letzte deutsche Kanonenschuß verhallte in der Ferne wie ein Abschiedsgruß. Die Batterien südlich des Sundes setzten eine Weile ihr Feuer aus, um nicht die Ihren zu beschädigen und weil's in diesem Chaos von Wasser, Flammen, Nebeldampf doch nichts zu zielen gab. Auch dämpfte der tiefe Fohlenkoppelwald den fernen Klang.

Die Räder einiger dänischer Geschütze knirschten über Sand und Stein heran, fuhren am Ausgang des Waldes auf und schleuderten einige Schüsse aufs geradewohl die Landstraße hinunter. Doch nur kurzes Ringen und die Kraft war gebrochen.

Das dänische Regiment hätte vielleicht ein Mehr an Bravour anwenden können, als Masse betrachtet, um dicht am Ufer der Landenden Herr zu werden. Doch es stand eben nicht in Masse beisammen, sondern in lauter Einzelposten zerstückelt, deren kleine Teile und Teilchen, verwirrt und überrascht, nicht gegenseitige Hilfe fanden. Immerhin versuchten Einzelne an vielen Orten das Höchste, was angesichts unvermeidlichen Untergangs der Mensch zu bieten vermag: sie starben echten Soldatentod.

Mit festem Schritt, das Gesicht zum Kampfe gekehrt, gingen Kommandant-Korporale (Feldwebel) mit entschlossenem Häuflein dicht am Feind im Dickicht vorüber und brachen sich durch Umschlingung Bahn. Noch im Sinken griffen Hornisten nach ihrem Horn, auf das sie verröchelnd den Mund legten.

Doch nun störte fremdartiger Hörnerklang nicht mehr der Deutschen Ohren, sie waren Herren des Waldes. Als die Nacht sich zu Ende neigte und die Sonne entglomm, war schon die kritische Stunde da, wo jeder weitere Widerstand nutzloser Selbstmord erschien. Denn diese noch nicht zweitausend Deutschen vertrieb trotzdem keine vierfache Übermacht mehr von der Insel, das hätten die Dänen aus früherer Erfahrung wissen sollen. Doch so leicht gaben sie sich nicht, ergaben sich nicht schwächlich in ihr Schicksal, sondern setzten alles daran, überwunden wie sie waren, um wenigstens die Waffenehre zu behaupten. Unbekümmert um wachsenden Andrang und einreißende Verluste, mit letztem Blut die beschworene Treue zum rotweißen Banner besiegelnd, drangen die andern Regimenter des Inselkorps zum Gegenstoße vor.

Als der jede Aussicht beschränkende Schlachtenrauch sich in mattem Morgenschein verzog, sah man erst die Greuel der Verwüstung nach so aufreibender und für die Dänen hoffnungsloser Blutarbeit. Das vierte Regiment ging an der Fohlenkoppel taktisch so gut wie unter. Aber freilich so überlegenen feindlichen Kräften gegenüber, die es jetzt erneut zu bekämpfen galt, blieb auch für die preußischen Bataillone das einzige, was hier zu thun war: Gewehr schußfertig in den Arm zu nehmen und fester den Kolbenhals zu umklammern, wo im allgemeinen Durcheinander man jeden Augenblick Gefahr lief, dem Feind in den Rachen zu rennen.

Von jetztab aber ging die Überschiffung der Truppen flott und verlustlos von statten. Alle Bedenklichkeiten, die man mit Recht einer in der Kriegsgeschichte ohne Beispiel dastehenden Unternehmung entgegenbrachte, widerlegte also glänzend die vorzügliche Leitung und Ordnung, alle Schwierigkeiten der Aufgabe löste sie spielend. Man darf hierbei nicht vergessen, daß die Ansicht des dänischen Generals Steinmann, man werde südlich der Kjärwig-Einbuchtung an leichter zugänglicher Küste und bei geringerer Breite des Sundes am strategisch gefährlichsten Punkte Sonderburg zu landen versuchen, viel für sich hatte. Hierdurch erklärt sich, daß ihm nur ein Regiment ausreichend schien, den Nordteil der Insel, wo der Sund sich bis auf elfhundert Schritt ausdehnt, zu bewachen. Die Kühnheit der Gegner, gerade am steilsten klippigen Strande und auf der breitesten Sundstelle den Übergang zu wagen, kam deshalb völlig überraschend. Unerklärlich bleibt nur, daß die Reservebrigade Kauffmann nicht schon früher zur Stelle war. Doch mag die ungemeine Schnelligkeit des Stoßes nicht erwartet worden sein. Man hielt wohl für unmöglich, daß binnen anderthalb Stunden das ganze Gebiet Arnkiels Öre-Arnkiels-Fohlenkoppel den verschanzten und mit Geschützen versehenen Dänen von einem geschützlosen Landungshaufen entrissen werden könne. Freilich haben gelandete Truppen in solcher Lage einen besonderen Grund zu äußerster Schnelle und Thatkraft. Die Scheide wegwerfend, mit gezücktem Schwert sich auf der Stelle Bahn hauen, schien hier der einzige Ausweg aus sicherem Untergang. Doch schmälert solche Erwägung nicht die großartige Leistung dieser Brandenburger, die ein verdoppelter Düppelelan vorwärtstrieb.

Um zweidreiviertel Uhr hatte man schon sieben Bataillone drüben. „Die wollen gefressen sein!“ jubelte ein Fünfunddreißiger. „Das bekommen die Dänen nicht fertig!“ —

Nach deutscher und dänischer Darstellung hätte die erste Bootskolonne (Vierundzwanziger) hauptsächlich jeden Widerstand niedergeworfen. Nach Einzelberichten will jedoch scheinen, als ob vielmehr die vierte Kolonne (Füsiliere Vierundsechziger) durch umfassende Wirkung dies Ergebnis herbeigeführt, zumal sie wahrscheinlich schon mehrere Minuten früher landete als die andern. Auch hatte die dritte Kolonne (Halbbataillon Vierundsechziger) sehr wichtigen Anteil an Überrennung des aufs neue sich setzenden Verteidigers an der Fohlenkoppel. Denn gerade dort stieß man in den Schützengräben westlich des Waldes auf bedeutenden Widerstand.

Nachdem auch hier die schwachverteidigte Uferschanze einfach durchrannt war, Entwaffnete dort gleichgültig fast ohne Wache hinter sich belassend, jagte man die Dänen vor sich her, die jedoch im Fliehen schossen. Es waren die erste, zweite, vierte Kompagnie des vierten Regiments, die zwischen Nordspitze und Arnkiel auseinanderstoben. Bei den Baracken der Fohlenkoppel gesellte sich die fünfte Kompagnie den sich wieder Sammelnden und diese dürfte von der ersten Kolonne zersprengt worden sein. Dagegen warf sich die siebente Kompagnie offenbar der vierten Kolonne entgegen, wobei ein Bataillons- und ein Kompagniechef fielen, und erneuerte dann mit der sechsten südlich des Waldes den Kampf. Mit dieser traf Brigadekommandant Oberst Faaborg selber ein und nahm sämtliche geworfenen Kompagnien in seine Hand. Ausdrücklich werden zwei Kompagnien erwähnt, die gegen Füsiliere Vierundsechziger die Offensive zu ergreifen suchten. Eine kurze Weile gelang es Faaborg, an den Knicks hinterm südlichen Waldrand das Gefecht zum Stehen zu bringen, wobei er auch noch die achte Kompagnie in die Feuerlinie zog. Die dritte lag entsendet weiter rückwärts, so daß dies Regiment nicht mal vollzählig focht. Hier nun waren es die Vierundsechziger des Majors Hüner dritter Bootskolonne, die mit einer Rechtsschwenkung in den Wald durch tadellosen Angriff den Feind über den südlichen Saum hinausdrückte. So ungestüm wirkte dieser mit nicht unerheblichen Opfern verknüpfte Ansturm, daß die Dänen nun gar nicht zum Stehen kamen, so ernstlich sie Miene machten, sich entgegenzustemmen und Halt zu gebieten. Faaborg entschloß sich zu schleunigem Abzug auf Rönhofer Holz und Kjär, welchen der tapfere Mann, obschon selber blutend, mit Festigkeit durchsetzte.

Der Vierundsechziger Trupp unter dem Kavallerieoffizier bildete jetzt den äußersten linken Flügel der neuen Gefechtsordnung, wie sie im Vordringen entstand. Wo dänische Schützengruppen sich von Knick zu Knick festsetzten, rollte man sie nacheinander auf. Erst als man bis Südrand des Waldes von allen Seiten vorstieß, machten die durcheinandergekommenen Kompagnien Halt. Auf Signale, die schon lange zum Sammeln riefen, achteten sie bisher nicht, immer nur den Feind über den Haufen rennend.

Von dem ersten Bataillon des dänischen Regiments, das führerlos in Splittern über die Inselhaide zurückirrte, entkamen wohl nur wenige. Eine dänische Schanzbatterie an Südwestecke des Waldes, welche Satruper Holz und Sund bis zuletzt unter Feuer hielt, hatte Hauptmann von Lettow der zweiten Kolonne leicht genug durch die ihm zugekehrte offene Kehle genommen, wobei das Bedeckungsfußvolk rasch nach Süden entfloh, die Bedienung aber in Stärke von ein Kapitän, zwei Leutnants, dreißig Kanoniere sich ergebungsvoll abführen ließ. Das rasendschnelle Marschmarsch erlaubte diesen etwas schwerfälligen Nordländern nie, rechtzeitig die Geschütze umzudrehen. Ein weiterer Vorstoß des Oberst Graf Hacke auf ein Knick, wo Faaborg eine Nachhut aufstellte, gelang nur dadurch, daß die Vierundsechziger der vierten Kolonne dem weichenden Feind immer noch die rechte Flanke abgewannen und die der dritten rücksichtslos weiter östlich scharmützelten. Sie gerieten hier in Kreuzfeuer schon hundert Schritt vom Walde zu beiden Seiten des Rönhofer Feldweges. Hier war's, wo Graf Maltzan fiel und der Angriff durchaus stockte. Da erschien wie gerufen eine andere (dritte) Kompagnie vom zweiten Echelon, die soeben sich ausschiffte, an Südostecke der Fohlenkoppel und durchbrach die besetzte Reihe des Heckenknicks bis zu einer Koppel östlich des Feldwegs, von wo sie erneut südöstlich schwenkte und hierdurch hundertfünfzig Dänen, wahrscheinlich siebente Kompagnie, hinter jenem Knickwall abschnitt, so daß letztere ihre Waffen niederlegten.

Hier trat der alte biedere General v. Manstein persönlich auf, der um drei Uhr mit dem Stabe übersetzte, bald mit all seinen Offizieren durch erbeutete Artilleriepferde beritten. „Brigade Roeder", ordnete er nach halbvier Uhr an, „hält den Raum von Augustenburger Föhrde bis zum Weg Arnkiel-Rönhof inne als linker Flügel. Alles was von Brigade Goeben ankommt rückt westlich davon als rechter Flügel ein." Von Goeben trafen bereits sechs Kompagnien ein, hinter der dritten und vierten Kolonne verladen, von Brigade Roeder anderthalb weitere Bataillone des zweiten Echelons. Jetzt war sogar schon das dritte Echelon auf der Wasserreise begriffen. Diese erneute Überfahrt erfolgte unter gesteigertem Geschützfeuer, da ein Viertel vor drei Uhr auch Rolf Krake am Eingang des Sundes auftauchte.

Der Übergang rüstigen Nachschubs erfolgte von jetztab zwar unregelmäßig, aber immer noch mit erstaunlicher Raschheit im Rudern kräftiger Hände. In verschiedenen Teilen landend, schlossen die zu einander gehörenden Körper auf der Insel geordnet zusammen und blieben in der Hand ihrer Führer.

Auf dreiundfünfzig Pontonwagen brachte man Geschütz und

Pferde unter. Unterdessen schleppten die Kähne allmählich zweitausend dänische Gefangene ans Sundewittufer. Die Hände mit Blutblasen unterlaufen, Kleider von Nässe triefend, Hosen in Fetzen und durch Moorwasser grüngefärbt, tummelten sich diese unermüdlichen Ruderer immer noch wie Fische im Wasser.

Inzwischen sputete sich die Artilleriespitze. Oberstleutnant Bergmann fuhr persönlich voraus, um sich über die Geländeverhältnisse zu unterrichten, und ließ eine Sechspfünderbatterie schleunig nachkommen. Die Pioniere der zweiten Kolonne stellten nämlich schon um dreiviertelaufdrei Uhr Landebrücken an beiden Ufern und entsprechende Maschinen her. Eine andere Batterie sagte von der Satruper Ziegelei dem Rolf Krake Fehde an und zwanzig gezogene Feuerschlünde donnerten über den Meerbusen gegen die Sonderburger Höhen, andere vom Sandberg gegen die nördlichere dänische Artillerielinie bei Rönhof und südlich von Kjär.

„Ich kann nicht dafür einstehen, Herr Orlopskapitän," warnte der dänische Lootse den Befehlshaber des Rolf Krake, „daß wir nicht auf den Grund laufen, wenn wir ins schmale Fahrwasser gelangen, zumal wenn mich Pulverdampf hindert, frei um mich zu sehen." Orlopskapitän Rothe seufzte und nickte. Auch ihm schien die Sache bedenklich, als er aus der Augustenburger Föhrde um Alsens Nordspitze herumbog und den Sund in Richtung auf Satrup durchkreuzte.

„Man hat mir höheren Orts befohlen, eine von den Preußen zu bauende Brücke in den Grund zu laufen, doch ich sehe keine Brücke. Wo ist sie?" Bis zuletzt hielten die Dänen an der Anschauung fest, daß der Gegner nur durch Brückenbau einen Übergang versuchen könne. „Die Preußen haben eine vierhundert Ellen lange Brücke gebaut und diese per Eisenbahn wie der Blitz in den Sund transportiert," hieß es nachher in dänischen Zeitungen.

Beim Andampfen längs der Alsener Nord- und Westküste, als er seine ganze Mannschaft auf Deck nahm und verschiedene Kartätschlagen um sich schleuderte, spann sogar ein kecker Trupp Vierundsechziger ein Gefecht mit Rolf an und hatte die Ehre und die Freude, daß vor einer saftigen Salve alle Seeleute vom Deck verschwanden. Ein Festfahren konnte Rolf Krake um so weniger riskieren, als sein nach besonderem Monitorsystem absichtlich niedrig gebauter und sogar noch zu weiterem Herunterklappen unter Wasser eingerichteter Bord ihm die Gefahr einer Enterung nahelegte, namentlich weil die Geschütze seiner Panzertürme nicht mit Neigung nach unten gesenkt werden durften.

„Im Sunde hat man auch Seeminen gelegt und vor Sonderburg treibt viel Holzwerk auf See, der Feind hat wohl auch wieder Netze ausgespannt, wie das Gerücht sagt. Da werden wir wohl beilegen und jedenfalls nicht tief in den Sund einlaufen können, dürfen nur vor dem Eingang kreuzen. Unglaublicherweise hatte ein Patrouillenboot, das er allnächtlich aussandte, ihm um zwei Uhr früh gemeldet, daß nichts Verdächtiges in den nahen Gewässern sich rege. Erst der Schlachtlärm brachte alle Mann auf Deck. In höchster Eile gefechtsklar die Anker hebend, worüber gleichwohl eine halbe Stunde verstrich, ehe volle Dampfkraft ansetzen konnte, rannte jetzt das Panzerschiff dem weithindröhnenden Hurrah der Boote, der Uferarbeiter und der Artilleriemannschaft entgegen, gleichzeitig noch lauter dröhnenden Schüsse der deutschen Strandbatterien, die auf fünfzehnhundert Schritt Küste verteilt, kein einzeln greifbares Ziel boten.

Das überraschende Bild des ganzen Übergangsbetriebs veranlaßte den Panzer nicht, sein Dasein heldenhaft aufs Spiel zu setzen und mit Volldampf wie ein Habicht zwischen Taubenschwärme zwischen die Bootflotille hineinzustoßen. Höchst wahrscheinlich hätte er dabei den Untergang gefunden, sowohl durch zermalmendes Kreuzfeuer der Strandbatterien, denen er längsseitig nur immer eine Breitseite zuschleudern konnte, als auch durch kühnes Entern der Boote. In der That erscholl weithin über Wasser der lustige Ruf: „Entert den schwarzen Kerl! Der will uns Gruseln lehren? Bange machen jilt nich!“ Doch ebenso sicher würde er den Übergang, ehe er zerschossen auf den Strand lief, bedeutend verzögert, viele Boote versenkt und die Flotille weit übers Wasser zerstreut haben. Einen Augenblick schien es, als ob er Mine zu heldischem Selbstopfer mache. Nachdem es sich fast eine halbe Stunde quer vor den Sundeingang gelegt und wahllos auf alle nur Mögliche in der Runde losgefaucht hatte, drehte das unheimliche Ungetüm sich plötzlich links um. Doch diese Bugwendung stellte sich blos als Kehrtmanöver heraus. Begleitet von Hohngelächter und von Verfolgungsschüssen dampfte Rolf in die Augustenburger Föhrde zurück.

Es schien dabei, als sei sein Hinterteil in Brand geraten, doch obschon kundige Schiffer diese Hoffnung aussprachen, erwies sich dies als trügerisch. Obschon er den Sund der Länge nach faßte, richtete der Panzer wenig Schaden an, weil seine ungeneigten glatten Geschütze immer zu hoch schossen. Die ganze Handlung dauerte nur eine halbe Stunde. So unrühmlich kniff der gefürchtete Meeresdrache den Schwanz ein, nahm Abschied, ein furchtsamer Seehund, der sich niesend und prustend mit einem Purzelbaum und Plums ins Wasser, dem Jäger unter der Nase empfiehlt.

Es mochte eine Viertelstunde vor vier Uhr sein, als Rolf Dampf ausließ und den Sund räumte. Goeben, bisher im Boot wartend, ob der Seeweg endlich rein werde, rief jetzt fröhlich: „Nun wollen wir hinüber!“

„Er scheint doch etwas schwächlich und angegriffen, das kränkliche Biest! Krake, wie siehst du so wunderlich aus! Schäme dich, schäme dich, alter Kujon!“ spotteten Kanoniere der Sechspfünderbatterien Hundt, die um vier Uhr auf Alsen landete und mit dem Vorderzug unter Lt. Gläsemer sofort bis zum Ostrand hinüberfuhr, wo Rolf Krake in fünfzehnhundert Schritt Entfernung die Augustenburger Föhrde abpatrouillierte. Rolf zahlte die Begrüßung gleich in baar heim mit achtzehn Granatladungen, welche einen Geschützführer, einen Kanonier und ein Rad zerschossen. Dann legte er auf elfhundert Schritt an und ergoß Kartätschlagen ohne sichtliche Wirkung. Lt. Gläsemer schob statt des Rades sofort einen Klotz unter den Achsschenkel und that im Ganzen einundzwanzig Schuß, worauf Rolf um fünf Uhr durch Alsener Föhrde abdampfte und sich im Stegwig mit den andern dänischen Schiffen vereinte. Die preußischen Strandbatterien bei Bellegaard und Nailtang legten ihm wiederum das Handwerk, als er den ferneren Übergang zu belästigen suchte. Das Ende vom Liede war, daß man ein Ruderkanonenboot und eine Kanonenjolle, in der Augustenburger Föhrde zurückgeblieben, dänischerseits selber in die Luft sprengte, weil man fürchtete, sie würden nach Besetzung Alsens nicht mehr heil um die Nordspitze an Schnabeck-Hage vorbeikommen. So kläglich schnitt die dänische Flottenentwickelung ab. —

Das aufgelöste wirre Durcheinander der Ufer- und Waldgefechte, wo bald zehn Brandenburger starke dänische Trupps vor sich hertrieben, bald wieder wenige Dänen ohne Befehl, nur dem eigenen stolzen Herzen gehorchend, sich ganzen preußischen Kompagnien entgegenwarfen und ehrenhaft unterlagen, glättete sich jetzt, wie hochgehende See in plötzlicher Windstille. Allgemeine Rechtsschwenkung vom West- zum Südrand der Fohlenkoppel hatte die ursprüngliche Vertikalrichtung von Nord nach Süd in Horizontallinie von West nach Ost umgewandelt, welche jenes abgegrenzte Nordstück der Insel, die Halbinsel Kjärwig, vom einen Ufer bis zum andern überspannte. Die Eindringlinge von dieser Inselerde ins Meer zu treiben, behielt der Verteidiger nicht mehr in der Hand, seitdem er es aufgab, in sofortigem rasendem Vorstoß das Westufer wiederzugewinnen. Aber General Steinmann wartete ab, ob der Gegner in seine Sonderburgstellung anrennen werde, wartete und wartete, statt dann lieber gleich jetzt das Spiel aufzugeben, um weitere unvermeidliche Verluste zu vermeiden. Allerdings gebot ihm Rücksicht auf die Waffenehre, noch ein Äußerstes zu versuchen.

Oberst Bülow, dessen sechste Brigade einwärts der Küste zwischen Kjär und Sonderburg lagerte, sandte erst halbvier Uhr kurze Meldung ans Oberkommando: „Feindlicher Angriff längs Alsensund." Oberst Kauffmann rief seine Brigade auf den Alarmplatz und bestimmte das achtzehnte Regiment zum Vorgehen, dessen zweites Bataillon sich vorm Quartier der Kompagniekommandeure rasch zusammenfand. Erstes Bataillon unter Major Weihe ging schon voraus. „Op, Folk! De skyder med Gevaerer derude!" scholl weithin der Lärmruf, indes Kompagnie Volqvartz voraufeilte und sich Oberst Faaborg zur Verfügung stellte. Der tapfere Kompagniechef ließ das Signal „Gaa paa" (geht los) blasen und imponierte dem Gegner kurze Weile, fiel aber dann und seine Leute fanden die Stellung unhaltbar.

Um halbfünf Uhr trabte die gelandete Sechspfünderbatterie westlich des Dorfes Kjär vor und warf Granaten unter die weichende dänische Infanterie. Um halbsechs Uhr landete eine andere Batterie Minameyer, bei welcher eine Lafette im Wasser umschlug und dabei ein armes Pferd tötete. Auch läßt sich nicht leugnen, daß hier wohl Rolf Krakes Beschießung zuletzt noch eine Verzögerung herbeiführte. Ein Wallbüchsenkommando setzte schon früher über und schoß vom Südrand der Fohlenkoppel, später vorwärts Kjär.

Dort nahm der Angriff schon bald gedeihlichen Fortgang. Die Vierundsechziger drangen durch den Wald Großmoose nordöstlich vom niedergebrannten Gehöft Rönhof vor, während vor den Vierundzwanziger Rönhof beim ersten Anlauf fiel. Das Gelände erwies sich zwar hier überall unübersichtlich. Hohe Kornfelder wogten im Morgenwind, die Knicks deckte dichtbelaubtes Gestrüpp, die großen Moose, welche dem Gehölz seinen Namen gaben, machten den Waldboden glitschig. Aber der Feind wehrte sich nur schwach, das vierte Regiment ließ in Rönhof wieder drei Offiziere hunderteinundsiebzig Gemeine als Gefangene zurück. Übrigens half auch hier wieder die dritte Bootskolonne des Majors Hüner, jetzt durch die seither gelandete Kompagnie Lewinski verstärkt, durch Flankierung nach und besetzte das nordöstlich vom Hof gelegene Barackenlager.

„Gehen Sie östlich bis zum Weg Kjär-Ulkebüller Holz vor!“ wies General Manstein den Oberst v. Götz der Vierundsechziger an, während die Vierundzwanziger dem Feldweg nach Kjär folgten. Bereits besetzten die Nordwestspitze dieses Dorfes jene sechs Kompagnien Bielefelder Fünfzehner Goebens, dem linken Flügel und der Mitte sogar voraus, westlich des Feldwegs Arnkiel-Rönhof bis Kjär gedrungen, wo man nochmals vier Offiziere hundert Gefangene abfing. Das vierte dänische Regiment war kaum mehr zu sammeln und kam erst weit rückwärts am Hörup Haff wieder zum Stehen. Es zählte vierhundert Rekruten, viele Reserve- und freiwillige schwedische Offiziere, was möglichenfalls den unverhältnismäßigen Gefangenenverlust erklärt. Denn während nur vier Offiziere sechzig Mann tot und siebenundachtzig verwundet, ergaben sich mit heiler Haut vierhundertfünfundachtzig nebst zehn Offizieren.

Sechste Kompagnie ward ganz zersprengt, ihr Chef Tharne verwundet, mühsam brachte Kapitän Bodin achter Kompagnie zuletzt noch fünfzig Mann davon zusammen. Die schwedischen Premierleutnants Klinteberg und Kilman fielen blutend in Gefangenschaft.

Nur die noch frisch angelangte dritte und die weniger leidende achte Kompagnie blieben vorerst beim unglücklichen Brigadechef Faaborg, vordem Kommandeur grade dieses Regiments. Sein sechstes Regiment lag so weit nördlich im großen Nordteil der Hauptinsel, daß es nicht mehr rechzeitig über Augustenburg nach Hörup heranzuziehen war. Was sich General Steinmann eigentlich dabei gedacht haben mag, bleibt unerfindlich. Es lag doch in der Natur der Sache, daß die breit hingelagerte, nördlich, südlich, östlich vom wirklichen Meer umspülte, auch an der nördlichen Alsener Föhrde auf der Westseite mit Boten und Brücken kaum betretbare und dort hinreichend durch Kriegsschiffe gedeckte Hauptinsel von einem nicht seebeherrschenden Gegner überhaupt nie angegriffen werden konnte. Nicht im ziemlich gerechtfertigten Zurückhalten seiner Masse bei Ulkebüll und Sonderburg, wo er am schmalsten Sundteil den Angriff am ehesten erwarten konnte, sondern im Entsenden eines ganzen Regiments mit Reiterei und Geschütz nach der Hauptinsel, wo er alle Kräfte auf der Sonderburger Halbinsel brauchte, lag Steinmanns verhängnisvoller Fehler.

Das dänische Hauptquartier im Pfarrhof von Ulkebüll alarmierte sofort alle Truppen. An der Westspitze dieses Ortes trat das zweite Bataillon achtzehnten Regiments unters Gewehr, das erste Bataillon stellte sich am Fischbachhof südlich von Kjär bereit. Oberst Kauffmann, der als fähigster Unterführer der Armee galt, sollte mit seinem andern, dem dritten Regiment nachfolgen, Oberst Bülow das fünfte von Sonderburg herbeiführen, wo das zehnte vorerst verblieb. „II 18 zu Ihrer Verfügung," erging Botschaft an Oberst Faaborg. „Gehen Sie sogleich vor! Major Lundbye mit I 18 wird östlich von Rönhof vorstoßen."

Wäre das dritte Regiment fähig gewesen, zugleich mit dem achtzehnten anzugreifen, so möchte solche Zusammenwirkung wohl einen Erfolg verbürgt haben. Oberst Kauffmann that auch gewiß alles Nötige, doch lag das dritte hinter dem achtzehnten und von Ulkebüll bis Rönhof braucht man eine halbe Stunde Marsch. So trat denn das dritte erst eine halbe Stunde später ins Gefecht ein, was so rührigen und entschlossenen Feinden gegenüber unmöglich günstig sein konnte. Dieser neue Zeitverlust erzeugte das Zusammenhanglose der Ausführung und brach die Gewalt der dänischen Offensive, obschon sie anfangs glücken zu wollen schien.

Manstein erließ an Goeben Befehl, über Nordwestspitze von Kjär erst wieder längs dem Alsensund vorzugehen, sobald er seine ganze Brigade beisammen habe. Dies ließ übrigens nicht lange auf sich warten. Auch die Lübbener Jäger kamen bald genug in West-Kjär an, von wo sie den Vormarsch auf Sonderburg begleiteten. Da der rechte Flügel (Goeben) erheblich voraus war und somit die Preußen eine schräge Linie bildeten, traten zuerst Mitte und linker Flügel (Roeder) zum Angriff an, um mit Goeben Fühlung zu gewinnen. Die Gefechtsfelder beider Brigaden trennten sich auch später, da Manstein bei weiterer Entwickelung umgekehrt Goeben vorstoßen und Roeder in der Linie Kjär-Bagmoose-Ormstoft halten ließ.

Als die vorderste Kompagnie von II 18 sich bei Faaborg meldete, befahl dieser dem Kompagniechef Benzon: „Alle Reserven müssen vor.“ Benzon sprengte persönlich zum Bataillonschef Major Weihe, der nunmehr tapfer auf Brigade Roeder andrang, indes sich das erste Bataillon Stricker gegen Brigade Goeben wendete.

Als das zweite frisch angelangte Bataillon Vierundsechziger, welches nunmehr die Mitte der Brigade Roeder ausmachte, eine langgestreckte Häuserreihe auf tausend Schritt vor sich sah, welche abwechselnd Kjär, Bagmoose, Ormstoft heißt, fuhren vier Geschütze der Brigade Bülow auf und sahen sich um, ob sie auf dem verdeckten Gelände ein passendes Schußfeld fänden. Da sie das Gegenteil erkannten, fuhren sie wieder auf die Höhe von Sonderburg ab. Inzwischen entbrannte an den sogenannten Kathenstellen östlich von Kjär ein lebhaftes Gefecht am deutschen linken Flügel. Während sich die noch frische dritte Kompagnie vierten Regiments dem Major Lundbye anschloß, sammelte Oberst Faaborg alles, was er von seinem zerstörten Regiment noch auffand, ums zweite Bataillon achtzehnten Regiments, das übers Nörremarker Holz zu ihm gelangte. Mit diesen Truppen schlug Faaborg die Richtung auf Arnkiels Öre ein, erreichte dort schon das vierte Gehöft, im Norden längs der Augustenburger Föhrde nicht aufzuhalten, und stieß in Kolonne auf dem Weg Ulkebüller Holz-Kjär in Flanke und Rücken aller nach Süden und Südosten vordrängenden Vierundsechziger.

Mit vollkommener festgeschlossener Ordnung vorrückend, ohne einen Schuß zu thun, führte er diese Südwestbewegung gegen die an ihm vorbeimarschierten Preußen so überraschend aus, daß er auf ganz nahe Distanz an Kompagnie Lewinski herankam. In der allgemeinen Verwirrung entstand bei den Preußen angeblich der Wahn, der Gegner wolle überlaufen, eine unsinnige Annahme, welche durch Schwenken mit Tüchern und Mützen angeblich verstärkt worden sei. Umgekehrt behaupteten die Dänen, man habe sie selber durch Winken mit Tüchern herbeigelockt, als wolle man gegen solche Übermacht die Waffen strecken, gleichfalls eine seltsame Voraussetzung, da besonders dänische Offiziere doch genug Urteil aus bisheriger Erfahrung ziehen mußten, um zu wissen, daß Preußen sich nicht kampflos zu ergeben pflegen. Wie dem auch sei, jedenfalls beschuldigte man sich gegenseitig unerlaubter Kriegslist, der Feind habe erst im letzten Augenblick die Maske fallen lassen. Deutscherseits wird zugestanden, daß man thatsächlich mit Hurrahjubel und Winken den Feind empfing, aber nur, weil dieser angeblich vorher gewinkt habe. Mit „Mützen" ist ohnehin eine falsche Angabe, da diese Seeländer ja zufällig Tschakos trugen! Ein etwas sonderbares Mißverständnis, das aber beiderseits guten Glauben nicht ausschließt. Auf beiden Seiten ein Winken und Feuerversagen, wobei Hauptmann v. Lewinski sogar harmlos entgegenging.

„Fällts Gewehr!" Oberst Faaborg zu Pferde voraus stürmten die Dänen an. Doch die flinken Preußen fanden sich sofort zurecht und waren nicht faul mit einem Schnellfeuer bei der Hand, das aus eben erst besetztem Gehöft und Knick am Wege die Spitze der dänischen Sturmsäule niederschmetterte. Insbesondere Schützenzüge unter Leutnant Gentz, anfangs geworfen, und Kompagnie Lewinski räumten schrecklich auf. Zwar Leutnant Jaspersen kam mit dänischen Haufen bis zum Nahkampf, doch des ihm unmittelbar folgenden Leutnants Tönder Abteilung zersplitterte unter einer Salve unentwickelt, Benzon blieb schwergetroffen liegen. Die Enge des Weges raubte den Vorteil der Übermacht, in Verwirrung prallte das Bataillon weit rückwärts, nachdem Faaborg selber sterbend vom Sattel sank. Versäumnis, Ungeschick und Unglück sühnte er durch mannhaften Tod. Sein ruhiges stilles Nordlandsgesicht mit dem kurzen blonden Schnurrbart und der hohen Stirn mußte sich aufs Leichenkissen im preußischen Johanniterspital in Satrup betten.

Zwei Kompagnien Weihes gerieten bei Norremarken mit sechs preußischen aneinander, ein paar hundert Vorderlader mit tausend Hinterladern. Das war zu viel für sie! Ein Leutnant fiel, ein anderer verwundet, der Major gefangen, das ganze Bataillon zersprengt. Doch Kompagnie Baller ersten Bataillons kam im Laufschritt herbei und entspann sich hier neuer heftiger Kampf. Goeben, zu Pferde gestiegen, begann das Gefecht zu beobachten. Südlich des Weges setzten sich die Dänen hinter einem Knick an sumpfiger Wiese. Erst nach wiederholten Anstößen nötigte man sie hier zum Rückzug.

Inzwischen stieß Goeben nebst Vierundsechzigern rechts davon gleichfalls auf dem Weg zwischen Kjär und dem Holz auf den Regimentskommandeur Major Lundbye, der sein erstes Bataillon und die dritte Kompagnie vierten Regiments heranführte. Undurchdringliche Knicks bargen dänische Schützenschwärme nördlich von Kjär. Mit Achtellinksschwenkung mehr östlich den Weg überschreitend, wobei Lt. Rechholz unter drei Kugeln den Tod fand, verwickelten sich die Preußen in ein zähes andauerndes Schützengefecht östlich des Weges, wobei zur Unterstützung drei dortiger Knickabschnitte allmählich auch Teile dritten Regiments eintrafen. Die Seeländer achtzehnten Regiments, durch Tschakos von allen übrigen käppitragenden Truppen unterschieden, hielten sich brav und ihre sogenannten Koppenhagener Jäger schossen sehr lebhaft.

Die Flügelabteilung des Majors Hüner nahm nacheinander das Gehölz östlich von Rönhof und ein Gehöft südlich des Mooswalds in Besitz, es dauerte aber noch ziemlich lange, ehe man die Häuser südlich der Groß-Moose dem Gegner abrang. Um diese Zeit langte Brigadechef Oberst Kauffmann an und übernahm die allgemeine Leitung. Zweites Bataillon dritten Regiments und einen Teil der Abteilung des Majors Weihe stieß er von Bagmoose aus durch Kjär vorwärts gegen die Vierundzwanziger, das erste Bataillon dritten Regiments unterm Kommandeur Oberstleutnant Mathiesen durchschritt Kjär nordwärts und griff die Vierundsechziger neuerdings an.

Kapitän Baller nebst zwei Leutnants lag verwundet zwischen Rönhofweg und West-Kjär, Lundbye wich fechtend an Kjär vorbei und nahm zu beiden Seiten des Weges nach Ulkebüll neuen Posten. Es war halbfünf Uhr, als hier Kauffmann eintraf und seine frischen Truppen östlich von Kjär anreihte, indes ein Halbbataillon Seeländer noch den Ostteil des Ortes hielt und fünftes Regiment südwestlich davon aufmarschierte, nachdem es seine Küstenwachen einzog. Zehntes Regiment blieb auf seinem Platz nördlich von Sonderburg.

Und zwölf preußische Bataillone waren jetzt schon drüben. Trotz deren Übermacht an Mannschaft und Bewaffnung, trotz der Ungunst des Geländes, trotz dem Mangel an Offizieren und Kriegserfahrung gingen aber die tapfern Nordländer beherzt vor. Zweites Bataillon Krabbe dritten Regiments nahm die Reste Bataillons Weihe auf, erstes Bataillon Schöning befreite das bedrängte Bataillon Stricker, das immer noch den Ostabhang nach Ormstoft besetzt hielt. Gleich nach Vorstoß der Kolonne Krabbe begegneten ihr aber preußische Teile angriffsweise.

In Schwarmattacken gingen die Schützen auf die Flügel der Dänen los, umfaßten sie mit aufgelösten Feuerlinien. Nur Augenblicke hielt das Krachen der Miniébüchsen sie auf, wo Beherzte sich hinter Steintrümmer warfen und im Schießen blieben. Schon krochen Abgeschnittene durch lose Hecken zurück. Schon kamen zwei berittene Offiziere, leichenblaß im Bügel hängend, halbtot geschossen vorbeigejagt: Bataillonskommandeur Kapitän Krabbe und Adjutant Hindenburg.

Jede Kompagnie handelte fortan auf eigene Hand. Die südlichste dritte unter Kapitän Fogh fühlte sich vom starken Schießen aus Kjär angezogen und wandte sich im weiten Bogen südwestlich dorthin. Die nördlichste vierte unter Premierleutnant Hansen fiel westwärts aus, mußte aber vor Übermacht und später Umfassung gleichfalls südwestlich ausbiegen. Am schlimmsten erging es der mittleren siebenten Kompagnie, die energisch gegen die Südflanke der Preußen vorbrechen wollte. Ihr Chef Drastrup und ein Leutnant fielen, ein anderer Leutnant und Aspirant Graf Baudissin stürzten verwundet. Andere Offiziere des Bataillons wurden gefangen, die Reste beider Kompagnien führte Leutnant Lundbye nach Kjär zurück, wo beim Gehöft ‚Christel Bertelsens Gaard' hier der Brennpunkt des Kampfes lag. Achte Kompagnie Falkenskjöld bewachte noch als Reserve nebst Weihes Resten den Zugang nach Ulkebüll im Barackenlager. Mittlerweile drang Bataillon Schöning, ganz in Vordertreffen aufgelöst, sehr kräftig vor.

In dies zu immer stärkerer Heftigkeit entbrennende Gefecht warf Manstein auch Kräfte seines rechten Flügels hinein. Oberstleutnant v. d. Goltz (der spätere bekannte General) löste sein zweites Bataillon Fünfzehner auf und trat östlich des Weges Rönhof-Kjär auf den linken Flügel über. (Eine seltsame Verfügung, die man nicht glauben möchte, wenn sie nicht gebucht stünde.) Er griff also den rechten Flügel Lundbyes an und warf ihn trotz scharfen Flankenfeuers aus Großmoose. (Das somit damals noch von den Dänen besetzt gewesen zu sein scheint, im Widerspruch zu andern Angaben.) Goltz schwenkte dann rechts und durchbrach auf dem vielgenannten Weg zum Ulkebüller Holz den Ostteil von Kjär. Oberstleutnant Mathiesen und Major Lundbye gingen auf Bagmoose zurück. Doch blieb das Gefecht im allgemeinen noch stationär. Auch General Goeben geriet in so scharfes Feuer, daß ihm selbst sein Pferd unterm Leibe tot zusammenbrach und er sich genötigt sah, die soeben eingetroffenen Lübbener Jäger als Flankendeckung nach Westen zu schieben.

Oberst Mathiesen mit dem ihm überwiesenen Schlachthaufen war eine kurze Strecke vorm Ostteil von Kjär mit starken Schützenschwärmen ausgefallen und erreichte über eine breite Wiesenkoppel weg beinahe einen Knick in der rechten Flanke des zweiten Bataillons Vierundsechziger. Lt. v. Harbou bemerkte diesen Knick, der ziemlich genau in der Mitte den Wiesengrund durchschnitt und zwischen hüben und drüben alleine Deckung gewährte. Hätte der Feind sich dort festgesetzt, so würde starker Verlust für die preußische Flanke unausbleiblich geworden sein.

„Herr Major, auf den Knick!" schrie er laut durch die hohle

Hand dem Major Kramer zu, der mit dem Gros, noch zurück war, und eilte im Geschwindschritt auf den Erdwall los. Daß er dies, ohne Kommando abzuwarten, mit seinem am weitesten vorgeschobenen Zug entschlossen wagte, rettete das Gefecht an dieser Stelle. Atemlos zuerst angelangt, empfing der kleine Schützenzug die herankeuchende Dänenkolonne mit rasendem Schnellfeuer und zwei mit Major Kramer selber in vollem Laufen heranstürzende Züge entschieden die Sache. Der Feind entbehrte auf der Koppel jeder Deckung und brach massenweise zusammen. Leider nicht ungerächt, denn den Leutnant v. Harbou traf unmittelbar nach seiner kühnen That eine Todeskugel in die Brust. Vier Unteroffiziere zweiundvierzig Mann außer drei Offizieren büßte Bataillon Kramer in kurzer Frist ein.

Es gelang also anfangs Mathiesen so wenig als Faaborg, den preußischen Vormarsch ernstlich zu hemmen. Anders verlief der Kampf bei der Kolonne, wo Oberst Kauffmann persönlich führte. Dieser hatte mittlerweile Lundbye ganz an sich gezogen und verfuhr südlich von Rönhof sofort angriffsweise. Die Vierundzwanziger folgten dem weichenden Lundbye schon nach Kjär hinein und wollten über Bagmoose auf Ulkebüll neue Fühlung mit dem Feinde erzielen, nach etwa halbstündiger Rast. Vor den Gehöften von Ormstoft traf sie aber ein ungestümer Gegenstoß geschlossener Kolonne, mit zahlreichen Schützenschwärmen zu beiden Seiten.

Da das erste Bataillon Papstein der Vierundzwanziger noch zu weit zurückstand, das seither im Rückhalt verbliebene Füsilierbataillon Vierundsechziger zu spät in Richtung von Ormstoft angesetzt wurde, so hatte das zweite Bataillon Vierundzwanziger unter Oberstleutnant Keßler (beide Bataillonskommandeure traten, zur Garde versetzt, in späteren Kriegen ansehnlich hervor) hier einen schweren Stand. Nur zwei Kompagnien stellten sich zunächst entgegen, fünfte rechts, sechste links der Bagmooser Dorfstraße und dort verdrängt, am südöstlichen Ausläufer von Kjär. Hauptmann v. Goerschen, Chef der sechsten, übernahm das Kommando unter Zujubeln der Mannschaft, die wußte, was sie an diesem (später zu Vierundsechzigern als Major versetzten) erprobten Führer hatte.

„Auf mein Kommando hören! Ruhe, bis ich ‚Feuer‘ ansage!“ ließ er den Feind auf hundert Schritt herankommen, dann schlugen seine Salven dicht genug ein. Die Dänen sprangen rechts und links auseinander, hinter Knicks Deckung suchend und findend. Ihr Feuer schwoll mächtig an, Äste und Zweige flogen um die Brandenburger her. Sie blieben ihrerseits nichts schuldig, aber sahen zu wenig, um treffen zu können. Nur dann und wann lugte ein Käppi, eine Bajonettspitze hervor. Die Dänen deckten sich gut und ihre Kugeln trafen. Der schon für Düppel dekorierte Lt. Brockhusen ward verwundet, blieb aber im Gefecht, auch Hauptmann v. Goerschen blutete.

„Wir haben keinen rechten Effekt," murrte er. „Der Moment wird kritisch, entdeckt der Feind unsere Schwäche." Die Dänen stutzten jedoch bei jedem Versuch vorzubrechen, trotz aller Beeiferung Kauffmanns, dem allein noch oblag, wie er fühlte, das Schicksal des Tages einigermaßen zu wenden. Umsonst trieb und trieb er, mit Ungestüm sich auf den Feind zu werfen, dessen übrige Kompagnien jetzt Stellung faßten. Statt Goerschen über den Haufen zu rennen, versäumte man den richtigen Augenblick, bis auch Bataillon Papstein heran war. General Roeder beobachtete, daß der Feind in Unruhe geriet, und gab Befehl, alle noch außer Gefecht befindlichen Züge in eins zusammenzufassen und mitten auf der Dorfstraße gegen den feindlichen Hauptknick zu führen. Generalstabsmajor v. Unger setzte sich persönlich an die Spitze eines Schützentrupps, dem die karmoisinroten Streifen mächtig imponierten.

Nachdem Kompagnie Fogh die in Bertelsens Gaard umzingelte und zum Teil entwaffnete Besatzung wieder befreite, strengte sich vornehmlich sechste Kompagnie Madsen an, die Preußen wieder ganz aus Kjär aufs freie Feld hinauszutreiben. Doch schwedischer Leutnant Berzelius und Aspirant Jacobäus, von Osten stürmend, Leutnant Buchhave, von Süden anrennend, fielen alle drei tot nieder. Der gleichfalls schwedische Leutnant Palme blutend gefangen. Kompagnie Walter des dritten und Ahlmann des achtzehnten Regiments schlugen sich südlich der Gehöfte am Landweg verzweifelt mit dem Bajonett. Den verwundet an einer Hecke liegenden Leutnant Goldmann (lauter deutsche Namen!) wollte ein offenbar betrunkener Musketier niedermachen: „Heut sollen alle Danskes totgeschossen werden!", doch ein Unteroffizier schlug mit der einen Hand den Gewehrlauf bei Seite und mit der andern versetzte er dem Kerl eine Ohrfeige, daß er zu Boden taumelte: „Schweinigel!“

Schüsse aus nächster Nähe streckten die Gegner wechselseitig nieder.

„Au! Donnerwetter, schon wieder eine!“ brüllte ein Hacketauer, dem eine Kugel auf der Tragriemennadel sitzenblieb.

„Hat's was gethan?“ fragte ein Offizier halb teilnehmend, halb spöttisch.

„Auseinander, Kerls, rinn in die Kartoffeln!“ Alles drückte sich zu Boden, so gut es ging.

„Schockschwerebrett, angeschlossen!“ Eine frische preußische Abteilung trug das Gefecht wieder zurück, wo die Dänen, vom tapferen Brigadechef angefeuert, einen Angriff erneuerten. Der von märkischem Arm geschwungene Kolben verschaffte sich wieder Geltung.

Die preußische raschformierte Sturmkolonne in der Mitte, welche sechs Offiziere nebst dem Regimentsadjutanten zusammenbrachten, ließ nicht ab. Sie entschied das Gefecht. Alle am leichten Abhang zerstreuten Gehöfte, durch rasche Verrammelung unzugänglich gemacht, sprühten zwar Feuer auf die Angreifer nieder, doch der Vormittag brach noch nicht herein, als man schon in unbestrittenem Besitz des Ormstofter Höhenrandes dies Schlachtfeld bemeisterte. An jedem Heck noch erbittertes Handgemenge.

Einzelne Gebäude wurden geräumt, wieder genommen, endlich aufs neue verloren. Aus allen Fensteröffnungen und bloßgelegten Dachsparren krachte wohlgezieltes Feuer. Zuletzt aber sprachen immer Bajonett und Kolben das letzte Wort. Das Gemetzel wütete weiter, Brust an Brust mit dem verzweifelten Gegner in einem Rausch maßloser, rastloser Kampflust. Die Häuserreihen von Ormstoft, durch Knicks wie von Barrikaden begrenzt, machten genaue Übersicht undenkbar, führten aber jähe Überraschungen herbei, die beide Teile in fortwährende Nervenschwingung versetzten. Da die hinteren Verstärkungen noch nicht bis zu ihnen durchdrangen, mußten die Vorderspitzen der Brandenburger, wo immer eine Kameradschaft ohne Offiziere zusammenschloß, regelmäßig wieder zurück. An allen Punkten gleich erbittert, löste der Straßenkampf zwischen Kjär, Bagmoose und Ormstoft jede Ordnung, so daß viele Teile erst draußen auf dem freien Feld sich wieder zu geschlossenem Vorgehen einrichteten.

„Ergebt euch!“ schrie man zu einem umstellten Hause empor. Als aber einer durchs Fenster hinauszusteigen Miene machte, um der Aufforderung Folge zu leisten, durchbohrte ihn von hinten der Degen seines Offiziers und wüster denn je begann das Gemenge bis zum Verschießen der letzten Patronen. Obschon ein preußischer Offizier nach dem andern niedergeschossen, ward jetzt Haus für Haus in Ormstoft ausgeräuchert. Wer das gutgemeinte Dänisch nicht verstehen wollte, dem gab man Sprachunterricht im allergröbsten Berlinisch.

„Thüren eingerannt!“ Die Thüren brachen jedes Schloß auf, an der Gartenseite kam man von rückwärts den Verteidigern überraschend an den Leib. In jeden Schlupfwinkel der Heckengassen steckten die Brandenburger hellen Jungens ihre vorwitzige Nase. Umsonst kamen die dänischen Blaujacken in dicken Haufen entgegen, umsonst rannten ihre markigen Gegenstöße sich den Kopf an der lebendigen Mauer ein, umsonst fristeten sie das Feuer mit Patronen, die sie ihren Gefallenen abnahmen. Der schwer sich lichtende Pulverdampf, im Bunde mit dem Feind, steigerte die Verwirrung.

So verlief der kurze, sauer erworbene Anfangserfolg der Dänen trübselig im Sande. Unter Kolbenschlag und Bajonettstich stürzte getroffen Kompagnieführer Jörgensen des achtzehnten Regiments. Aspirant Baron Bretton und norwegischer freiwilliger Sergeant Poulsen waren gefallen. Doch auch deutscherseits kostete der kurze Kampf viel Blut.

„Das ist wohl verhältnismäßig das blutigste Gefecht im ganzen Kriege,“ seufzte General Roeder, als er sich seinen Offiziersverlust besah. So schlimm stand es aber nicht bezüglich der Mannschaftseinbuße. Von sieben Offizieren der Sturmkolonne bluteten freilich sechs, darunter Regimentsadjutant v. Voigts-König. Den tapfern Brockhusen traf eine zweite Verwundung, diesmal schwer. Als ihm später Oberst Graf Hacke den Pour-le-Merite überreichte, sprach er die nobeln echtmilitärischen Worte: „Das Regiment erhielt durch Gnade Sr. Majestät zwei Pour-le-Merites, den einen ich fürs Regiment, den andern Sie, Herr v. Brockhusen, für Ihre Person!“

Kauffmann zog sich über Kornspeicherhöhe nach Ulkebüllkirche, auf Steinmanns Befehl das Barackenlager von Kjär völlig aufgebend. Major Myrhe entwickelte das fünfte Regiment, wo Goeben den Weg sperrte, zwischen Küste und Kjär-Bucht von der Engelshöhe aus. Kapitän Jörgen Hammer stellte das erste Bataillon abwartend auf, bis Brigadeadjutant Kranold Ordre zum Eingreifen brachte.

Da des Feindes Abzug auf Ulkebüll allgemein wurde und sich auch zur Rechten günstiger Fortgang des Gefechtes wahrnehmen ließ, wollte man weiter. Mit außerordentlicher Bravour gebot Oberst Kauffmann jedoch zunächst dem mutigen Drängen noch Einhalt, bestrebt, aus der Linie Ulkebüll-Wollerup dem frechen Sieger ohne Aufhören verderbenbringende Kugelsaat entgegenzusenden. Brigade Roeder erhielt Befehl haltzumachen. Auf ihr lag bisher die Hauptarbeit des schicksalreichen Tages und sie hatte jede Probe glorreich bestanden. Doch jetzt sollte sie ruhen. Die weiteren Ereignisse, das Abspinnen der Verfolgung nach Süden, bildeten eine neue Reihe von Aufgaben, welche keinen Geringeren als dem später so berühmten Goeben zufielen.

„Nicht zu heftig vordrängen, damit der Feind noch standhält und wir ihn überflügeln. Sonst macht er sich zu rasch auf seine Einschiffungsplätze davon, nach Hörup Haff, und wenn wir ihn dort vertreiben, nach Kakenis. Räumt er aber Sonderburg noch nicht, bis wir Wollerup haben, dann sind wir rascher am Haff als die Dänen aus Sonderburg. Dann können wir sie abschneiden.“ So ungefähr lautete die Instruktion, die Goeben zuging und seinem Scharfblick nichts Neues bot.

Auch er hatte im westlichen Kjär anfangs gegen Teile des achten und Gesammelte vierten Regiments geplänkelt. Daß auf letzteres die Heimatgenossen nachher Schimpf und Schande häuften, erscheint nicht gerecht. Eine durch Überfall geistig verwirrte und moralisch erschütterte Truppe konnte kaum mehr leisten und alle noch einigermaßen gefechtsfähigen Teile blieben doch bis zur Räumung von Ormstoft im Feuer. Als es bei Hörup Kirch sich sammelte, zählte das Regiment nur noch achtzehn Offiziere zweihundertzwei Mann in sieben Kompagnien. Die achte stieß später hinzu, so daß möglichenfalls dreihundertfünfzig Mann geschlossen entkamen. Der Rest irrte versprengt umher. Es fehlten also über zwölfhundert Mann, als es auf Kekenäs sich einschiffte. Gleichwohl gaben dänische Verlustlisten nachher nur einen Ausfall von sechshundertneunundvierzig Mann zu, woraus man sich von Glaubwürdigkeit damaliger Verlustangaben ein ungefähres Bild machen kann. Übrigens hatten die Vierundsechziger zehn Offiziere hundertdreizehn Mann, die Vierundzwanziger elf Offiziere zweiundneunzig Mann tot und verwundet eingebüßt. Der dänische Verlust in diesen Hauptkämpfen mag dreihundert Tode und Verwundete betragen haben und im Ganzen wohl tausend Gefangene, unter denen wahrscheinlich viele Leichtverwundete. Daß ein so erbitterter Kampf wie der bei Ormstoft — denn vorher blieb der preußische Verlust gering — verhältnismäßig so wenig Opfer verlangte, beweist nur, daß das Gelände für beide Teile ausgezeichnete Deckungen bot.

Als Goeben langsames Vordringen begann, fand Kauffmanns Hauptstoß noch nicht statt. Der Vormarsch erfolgte in drei Kolonnen. Links v. d. Goltz mit sechs Kompagnien Bielefelder, der sich also nunmehr aus der Roederschen Schlachtreihe wieder herausschob, und den Lübbener Jägern. In der Mitte die Mindener Fünfundfünziger unter Oberst Stoltz, rechts dicht am Alsensund ein Halbbataillon Fünfzehner unter persönlicher Führung ihres Obersten v. Alvensleben. Eine Kompagnie der Brandenburger Jäger, welche übrigens besonders durch Rolf Krakes wirkungslose Kanonade beim Überschiffen hindurchgingen, entsendete Major v. Witzleben gleichfalls, wie früher Goltz entsendet wurde, noch weiter links zur Abteilung des Majors Hüner, wo sie sich am Schlußgefecht gegen Oberst Faaborgs Leute beteiligte. Mit den drei andern Kompagnien wandte er sich, Kjär durchschreitend, auf Goebens Befehl gegen die Flanke einer aus Süden und Südosten anrückenden Dänenkolonne, welche man auf drei Kompagnien schätzte. Vorwärts Kjär standen sechs Kompagnien Fünfundfünfziger in Schützenkampf mit Abteilungen Kauffmanns. Gleichzeitig sah Goeben von den augenscheinlich starkbesetzten Sonderburger Höhen vier Kompagnien herabsteigen, die er in der Ferne auf vier Bataillone schätzte. Es war Oberst Bülows fünftes Regiment, drei seiner sechs Kompagnien in zweiter Linie, indes das zehnte Regiment sich

mit Frontveränderung nach Norden kehrte und Baadsagger Höhen vom Sund bis Rönhofer Weg mit seinem zweiten Bataillon besetzte. Das erste blieb als Rückhalt am Ladehof und Sonderburger Schloß. Längs der Küste vor Fischbachhof und Lykkegaard sind zwei Kompagnien Clausen und Snertinge fünften Regiments links herausgezogen worden und diese jene „drei" gewesen, welche Goeben gegen seine Rechte einschwenken sah.

„Regiment vorwärts!" ließ Bülow das Signal blasen, Kompagnien Stonor und Löb setzten sich in rasche Bewegung. Allgemeines Getümmel zwischen Küste und Gehöften. Dänische Offiziere opferten sich brav. Kompagniechef Stonor, Zugführer Hansen und schwedischer Leutnant Palme sanken verwundet, bei Kompagnie Clausen Leutnant Möller, bei Kompagnie Snertinge der Chef und Leutnant Rasmussen.

Die Lübbener Grünröcke eilten heran, Stoß gegen Stoß. Die Dänen unterbrachen ihren Vormarsch, wie sie denn überhaupt auf ihrem linken Sonderburgflügel mit behutsamer Vorsicht verfuhren, wie es die dortige Rücksicht auf ihr Rückzugsbasis-Verhältnis mit sich brachte. Soeben warfen sie sich hinter Knick und Graben, vor ihnen eine dreihundert Schritt breite Koppel. Heißer Willkommengruß, der auf der kugelbeherrschten Wiese manchen Verlust bedingte, wirkte nur vorübergehend. Wohl sahen die Lübbener, daß sie noch auf beherzte Gegenwehr stießen, doch Major Witzleben traf unverzüglich Anordnungen zum Sturm auf diese letzte Höhe vorm Vorwerk Engelshoi, halbwegs zwischen Kjär und Sonderburg.

Trommeln ertönten zum heldenmütigen Unternehmen. Verheerendes Feuer brach aus der Flanke auf einmal über die Stürmer herein: von einer bastionsartig vorspringenden dahinterliegenden Knickkuppe her, wahrscheinlich auch Granaten aus der Sonderburger Höhe, deren Rand sich mit Pulverwolken krönte, und vermutlich Kugeln vorgeschobener Schützen zehnten Regiments am Rönhofer Weg. Vier junge Leben vernichtend, Andere verwundend, streckte dieser Bleihagel den Major Witzleben selber anscheinend tot nieder, der jedoch später von seiner durchschossenen Lunge heilbar genas. Nach zehn Minuten Herumschießen gab der Feind seine Deckung auf und avancierte gegen die linke Flanke, ward aber seinerseits mit Hilfe eines zu weit vorwärtsverirrten Zuges Vierundzwanziger umwickelt und so ernst angefaßt, daß diese Bewegung entschied. Auch das gelandete Wallbüchsenkommando mischte sich lärmend ein.

„Regiment zurück!“ scholl Bülows Signal, als er die Vorderlinie so bedrängt sah. Längs der Sundsmark wich das fünfte Regiment auf seine Reserven, indes um fünf Uhr das zweite Bataillon des zehnten unter Kapitän Henrik Glahn an der Sonderburger Straße vorrückte. Preußische Kugeln erreichten es hier schon im Rücken von der Küste aus. Reservekorporal Christensen, in der Hüfte getroffen und umgeworfen, richtete sich auf dem Ellenbogen auf und schrie: „Fremad, Kammerater, for gamle Danmark!“

Vorderkompagnie unter Sekondeleutnant Wandler überwand ihr Stutzen, das Bataillon bewies gute Haltung. Erstes Bataillon unter Kapitän Baupell schickte sich jedoch schon an, die Kanonen auf der Sonderburghöhe zu vernageln, da weiterer Widerstand nutzlos schien. Der Feind vermochte nur noch Engelshoi und Baadsagger, zwei während des Frühjahrsbombardements vielgenannte Gehöfte, zu behaupten, vor welchen Goeben um sechs Uhr eintraf. Seine andern Kolonnen hatten die Vorwärtsschwenkung mitgemacht. Auf der Straße Kjär-Sonderburg, welche zwischen beiden Gehöften läuft, schritten die Vierundfünfziger zum Angriff. Goeben gab Losung aus: „Alles zwischen Sund und Baadsagger direkt auf Sonderburger Windmühlenhöhe losmarschieren!“

Hier einen letzten Widerstand zu leisten fiel den Dänen um

so leichter, als ein Hügelzug, Knicks, Gräben, zur Verteidigung vorbereitete Gehöfte eine beträchtliche natürliche Stärke besaßen. Die Fünfundfünfziger attackierten nun in der Mitte den bei Baadsagger angrenzenden dichtbesetzten Höhenzug, Goltz umging von der Landseite, Alvensleben von der Seeseite, um so allmählich in Sonderburg einzudringen.

„Das Eiland ist für Dänemark verloren, unwiederbringlich dahin,“ äußerte sich General Steinmann schon um sechs Uhr früh. „Ich muß sofort an Gerlach depeschieren, daß er mir alle disponibeln Transportschiffe schickt.“ Der dänische Höchstkommandierende befand sich auf Fünen grade dabei, das achte und vierzehnte Regiment aus dem Nyburger Hafen auslaufen zu lassen, um einen Handstreich auf jene kleine Insel Fehmarn auszuführen, deren die Preußen sich früher bemächtigten. Was dies belanglose Abenteuer eigentlich sollte, wußte er wohl selber nicht, wollte wohl nur ein Lebenszeichen geben, die Kopenhagener Klubs von sich reden machen. Als er Steinmanns Telegramm erhielt, verzichtete General Gerlach jedoch sofort auf die unnütze Expedition und ließ die Transportflotte eiligst nach Kekenis in See stechen. Mittlerweile sandte Steinmann an Kauffmann Befehl, in eine Aufstellung zwischen Süderholz und Augustenburg allmählich zurückzufallen, damit Brigade Bülow Zeit behalte, den Westrand des Suderholzes zu erreichen. Beide sollten dann gemeinsam auf Kekenis abrücken.

Oberst Kauffmann ließ sechs Geschütze der neunten Feldbatterie nach Wollerup abgehen. Die zwei anderen hatte der Feind genommen, jedoch gehörten alle andern erbeuteten Stücke zur schweren Positionsartillerie. Die Feldartillerie befand sich also noch ziemlich unversehrt. Aber auch die Bülow zugeteilte Halbbatterie kam nicht mehr zum Schusse, sondern schlug in schnellster Gangart die Richtung aufs Süderholz ein, wo sie auffuhr, ehe noch Brigade Bülow dorthin ihren Abzug fortsetzte. Die andere halbe der zweiten Feldbatterie, sowie die halbe erste Feldbatterie, deren andere Hälfte unnützerweise beim sechsten Regiment im Norden stand, schlossen sich dem Oberst Kauffmann an, der also im Ganzen über vierzehn Feldgeschütze verfügte. Die schwere Positionsartillerie bei Sonderburg unterhielt ein Duell mit den preußischen Strandbatterien und den Düppelhöhen. Da am Sundewitter Ufer gegenüber Sonderburg zahlreiche preußische Schützen demonstrierten, hielt es das erste Bataillon zehnten Regiments nicht für angängig, Schloß und Hafen zu verlassen, sondern schoß sich mit diesen Schützen am jenseitigen Ufer herum. Das zweite Bataillon unterm Regimentskommandeur Major Gedde beteiligte sich hingegen ungesäumt am Baadsaggergefecht und richtete Front nach Norden.

Als das Gefecht bei Ormstoft sich besorgniserregend gestaltete, schwebten die dortigen Streitkräfte allerdings in Gefahr, von Goeben in der linken Flanke umfaßt zu werden und sammelten sich daher rückwärts bei Ulkebüll. Ihnen folgten nur sieben verschiedene Schützenzüge, denen nicht mehr Haltebefehl zuging. Diese schwachen Häuflein konnten natürlich dem Rückzug nichts anhaben und so gewann hier Kauffmann einen Vorsprung, den er unleugbar geschickt benützte. Auf dem Abzug verspäteten sich jedoch viele Versprengte in den hohen Kornfeldern. Auch in Pulvermagazinen und Sicherheitsräumen der Uferschanzen griff man noch eine Menge Vereinzelter auf, die sich dort verkrochen. Einen Schutz vor den Preußen gewährte hier von Anfang an nur das eiligste Fliehen.

Das preußische Geschützfeuer rollte jetzt auf beiden Ufern, ein Meeresecho wachrufend. In ihrer linken Flanke hörten die Dänen auch das Wallbüchsenkommando lärmen, das ihren unter stetem Gefecht weichenden geschlossenen Kompagnien Verluste bereitete, doch traf dafür eine Dänenkugel den Lt. v. Lettow, Leiter dieser Wallbüchsen. Das noch ganz frische zehnte Regiment fühlte sich übrigens schon durch widersprechende Befehle ermüdet. Denn nachdem um halbvier Uhr bereits allgemeines Frontmachen nach Norden dem Regimentskommandeur Major Gedde anbefohlen, wies Oberst Bülow, sobald Kauffmanns Vorstoß sich anfangs günstig anließ, dem Regiment wieder seine ursprüngliche Sonderburgstellung an. Glaubte er wirklich diese Basis von Düppel aus bedroht, da doch der Sund dort dazwischen lag und keine Landungsanstalten an dieser Stelle drüben sichtbar wurden? Sodann erhielt Bataillonskommandeur Kapitän Baupell in Sonderburg die Weisung, unmittelbar den Rückzug anzutreten. Kaum aber schickte er fünfte, siebente Kompagnie ersten Bataillons nach dem Ladehof zurück, als er Kontreordre empfing und sie wieder heranholen mußte. Da konnte es nicht fehlen, daß nachteilige Unsicherheit entstand. Das Regiment bezog nun eine Aufstellung im Halbkreis. Erste, zweite Kompagnie besetzten aufs neue Schloß, Hafen, Laufgräben, Mühlenbatterie, fünfte, siebente im Rückhalt. Sechste und dritte Kompagnie wahrten die Baadsaggerbatterie, den östlichen Verbindungsgang und einen dort verlängerten Knick, beide völlig in Schützen aufgelöst. Hinter den Knicks am Baadsagger Hof und östlich am Rönhofer Weg hielt der Chef des zweiten Bataillons, Kapitän Glahn, vierte Kompagnie im Rückhalt, weiter rückwärts an einem Feuersignalbaum sollte achte Kompagnie geschlossen für etwaige Vorstöße bereitstehen.

Das fünfte Regiment vermochte inzwischen den Stoß der Fünfundfünfziger nicht auszuhalten. An Engelshoi vorbeigehend, erhielten die Vorderkompagnien zwar Flankenfeuer von einer Höhe südlich des Hofes. Allein Lt. Bölling warf sich seinem Zug unter lautem Hurrah die Kuppe hinan und die Dänen hinunter, leider tötete den mutigen jungen Offizier dabei ein Schuß in den Unterleib. Ebenso beherzt holte Lt. Brendel des Feindes Nachhut an einem Knick ein, wo es zwischen den Vorderkompagnien und den durch mehrere Soutiens gut unterstützten dänischen Schützen noch zu heißem Strauß kam. Andere Kompagnien erstürmten mit dem Bajonett die Baadsagger Gehöfte und zeichnete sich hier ein Vizefeldwebel Hoeg mit seinem Zuge aus. Das dänische fünfte Regiment gab bereits seine Stellung auf und glitt am rechten Flügel des Kapitäns Glahn vorbei, um einige Höhenwellen und Gehöfte nördlich der Stadt zu verteidigen. Bei diesem Abzug kam seine achte Kompagnie von Kapitän Glahn ab und mischte sich dem fünften Regiment.

Der genannte Kapitän nahm jedoch mit seinen drei Kompagnien energisch den Kampf auf, bis ein Schuß ihn selber niederstreckte. Der Kampf entbrannte hier noch einmal heftig und es muß wundernehmen, wie gering der preußische Verlust blieb trotz der massenhaft einschlagenden dänischen Kugeln. Rings dröhnte die Luft von Kanonendonner, rollenden Salven und nicht abreißendem Schnellfeuer. Die deutschen Feuerschlünde an beiden Ufern auf amphitheatralischen Waldhöhen hatten ein prachtvolles Schußfeld vor sich liegen. Über die hintere Hochfläche nach Hörup

Haff zu rückten die Käppiträger in ganzen geschlossenen Massen hin und her. Alle Waffen schienen darin vertreten, auch die einzige hier anwesende Dragonerschwadron, die man sofort solcher Begrüßung würdigte, daß sie sich hinter Süderholz und Geländefalten am Höhenrand dem Blick entzog. Auch hier später aufgescheucht, irrte sie unstet hin und her. Was blieb den Dänen gegen solche Feuereinkreisung? An die jenseitigen Strandbatterien war nicht heran zu kommen, wie sollte man sie zum Schweigen bringen! Die auf der Insel gelandete Artillerie überschritt zum Teil den Kjärwig und wandte sich, dem Thalgrund folgend, weiter nach vorn, gedeckten Vormarsch in gleicher Richtung wie ihre Infanterie benutzend. Die Deutschen bauten offenbar ihren Schlachtplan darauf, daß ein immer engeres Einkreisen den Kampfraum der Dänen verenge, ohne daß es weiterer blutiger Kämpfe bedürfe. Das dänische Volk mußte sich begnügen, durch Massenfeuer aus möglichst gedeckter Lage dem methodischen Vordränger noch möglichst zu schaden. Doch nicht mal dies gelang, Goebens Verlust blieb gering. Das immer schwächer werdende Feuer der mittleren Sonderburgartillerie belehrte die Brigade Bülow, daß nur die Flügel bei Schloß Sonderburg und Wollerup noch etwas festhielten und das Zentrum allerorts wich.

Die preußische Schlachtlinie vor Ulkebüll verhielt sich zwar eine Weile ganz still, bis ihre Geschütze genügend wirkten und eine frische Truppe dort erschien, Brigade Roeder endgültig ablösend. Die dänische schoß ja bei Düppel nicht schlecht, durchs Glas konnten ihre Offiziere die Preußen in Menge fallen sehen, doch heute versagte ihre Wirkung ganz und in ihren eigenen Batterieständen wütete zu erschreckend der eroberungslose Feuerregen. Schon fing Sonderburg an zu brennen.

Wenn der Feind flieht, wächst der Mut. Wo die Dänen zum Süderholz sich rückwärts stürzten, die Deutschen wie das Donnerwetter hinterdrein! Oft zu eilig, was unter andern Umständen zu Rückschlägen geführt hätte. Aus jeder Waldecke blitzte es auf, aus jeder Baumöffnung ragten Miniébüchsen. Wie aus verhängten Gitterfenstern sprühten Funken durchs Geäst des Dickichts. Doch was ein richtiger Hacketauer ist, weiß sich zu helfen. Nicht faul pfiffen auch Kugeln der Lübbener und Westfalen. Auch hier bei Sonderburg ließ man dem bedrängten Gegner keine Ruhe, bis er blank vor den deutschen Geschützen im Wurstkessel stak, auf die Höhenfläche am Haff zusammengetrieben. Dicht vor Sonderburg kam das Gefecht etwas zum Stehen, da es kräftig zwischen den Windmühlenflügeln hervorblitzte. Dennoch erstiegen die Westfalen schnell die Mühlenknicks nördlich vom Kirchberg.

„Macht der Sache ein Ende, je eher desto besser!“ Man rechnete richtig, die Dänen mußten sich vor dem gräßlichen Kreuzfeuer der preußischen jenseitigen und diesseitigen Batterien in ihren Deckungen ducken und so kamen die Deutschen plötzlich die Mühlenbatterie herauf und hinab in die vorderen Laufgräben. In voller Flucht verließ nicht nur der linke Flügel, sondern auch die Mitte Bülows das ganze Plateau und drückte sich fort in südliche Holzparzellen. Die grausamen deutschen Zündnadelflinten gaben ihnen auch hierhin das Geleite. Jeder Schuß ein Mann!

Der Zug des Lt. Brendel eroberte schon vorher am Engelshoier Knick zwei Danebrogs, einer Kompagnie Fünfzehner fiel am Sund eine andere Flagge mit zwei Offizieren dreißig Mann in die Hände. Doch machte hier der Kapitän Vaupell einen energischen Ausfall, wobei es beiderseits zu tapferem Handgemenge kam.

„Dichte 'ran und immer stechen!“ Immer noch weiter bis zum Kirchhof drängten die vordersten deutschen Züge auch hier den besiegten Feind, obschon es manchmal schien, als ob man sich gegen die Masse nicht halten könne. Denn nur an diesem Punkte des Schlachtfelds besaßen die Dänen manchmal ansehnliche Überzahl, weil die ermüdeten Deutschen nicht gleich in Masse folgen konnten. Das dänische Feuer ließ immer mehr nach, an der Menge der Schüsse lag es ja nicht, daß die Preußen nicht alle schon am Mooswald liegen blieben! Und nun hatten die Dänen sich meist verschossen. Hier und da leuchtete noch das grelle Licht einer Batterie hinter Sonderburg auf. Doch wozu die Aufregung, wozu die wütigen Gesichter! Bald genug sollte der ganze Schlachtlärm schweigen wie abgeschnitten, als Mindener Bajonette zuletzt schon dicht am Ostthor der kleinen Festung sichtbar blitzten und der Sturmbock der Bielefelder von der Seeseite her an die Mauern pochte.

Von steigender Sonne im Rauchflor spärlich beleuchtet, dehnte die dampfverhüllte Sommerlandschaft ihre Umrisse so verschwommen hin, daß die Ortschaften nur schattenhaft hervortraten. Aus ihnen drang der immer matter werdende Lichtschimmer des Batteriefeuers. Hinter diesem düstern Bild ein endloses Summen, wo dichte Massen Flüchtiger sich in den Schatten der Sonderburger Festungswerke drückten. Dort standen schon manche Positionsgeschütze ganz friedlich da, als hätten sie nicht eben noch Menschenleben gefordert. Dazwischen scholl das dumpfe Klirren rasselnder Wagenburgen, die sich durch Thore und Truppenmassen zum Haff hindurchkröppelten.

Wer konnte hier so viel, daß er noch Fassung bewahrt! Es ging zu Ende mit jeder ruhigen Besinnung. Die Deutschen hatten ja überall gewonnen Spiel. Da sich jedoch ihre Gestalten jetzt am oberen Höhenrand deutlich im Flammenschein des brennenden Sonderburg am Horizonte abhoben, so gab solche Beleuchtung den unten undeutlicher liegenden Dänen einen Vorteil, indem sie so rasch feuerten, als sie nur eben konnten. Dies galt freilich nicht für die deutsche Artillerie, die aufs geratewohl von allen Windrichtungen her in dies Chaos hineinschoß.

Eine Granate von jenseits riß ein Riesenloch in eine durchgeschlagene Mauer. „Bresche! Hierher zu mir, hier hat's in die Mauer geschlagen!" richteten sich alle Gedanken nur einzig auf den Kampfzweck. In dichten Massen stürzte alles dorthin, der Angreifer, um dort am schnellsten jedes Hindernis zu überwinden, der Verteidiger, um die Lücke mit eigenen Leibern zu stopfen. Ein paar Salven hinein in die Öffnung, dann den Eingang freigemacht im Nahkampf mit blanker Waffe, über Geröll und niedergebrochene Steinblöcke drauf durch die schwache Stelle. Wütend schlugen Marinesergeanten der Positionsstücke mit blankem Degen um sich, doch immer mehr Mindener überstiegen die Mauern, drängten nach, bis sie oben waren. So fiel Sonderburg von allen Seiten, samt allen Batterieschanzen, auch der Kirchhof. Doch auch jetzt noch wich ein braver Teil des Feindes nicht in Flucht, sondern regelmäßig feuernd. Die Westfalen nach. Verwundete baten ihre Führer: „Lassen's mich weiter mitmachen!"

Gefangene wurden in Menge gemacht, erst wollten sie noch viele Umstände machen, doch als man sie im Genick packte, da konnten Manche sogar deutsch reden: „Landsman, ich bin Schleswiger!" Waren doch letzthin vier zu dänischem Soldatendienst gepreßte Holsteiner als Deserteure über den Sund geschwommen. „Du, der schnackt, er is Schleswiger! Trau der Deibel den Kerls!“

Das zehnte Regiment, fast ganz aus Nordschleswigern bestehend, löste sich so völlig auf, daß von dreizehnhundertfünfzig Mann nur sechshundert nach Kekenis gelangten. Dänische Quellen behaupten boshaft, dabei seien nur siebenundzwanzig Tote und Verwundete gewesen, was jedoch dem längeren Feuergefecht des Bataillons Glahn widerspricht, von dessen Kompagnie Thesen gleich anfangs nur fünfzig übrig blieben. Schwedischer Sekondeleutnant Wester ergab sich unverwundet. Übrigens leitete man auf Moltkes Anregung gegen alle schwedischen Offiziere und Freiwilligen, die ja unbefugterweise mitfochten, ohne dem dänischen König formalen Fahneneid geleistet zu haben, kriegsgerichtliche Untersuchung ein.

Ihr Gepäck blieb liegen, so hastig machten die Dänen sich aus dem Staube, auch ihre Waffen nahmen sie nicht alle mit.

„Na, das wäre erledigt,“ atmete um sieben Uhr früh Goeben auf dem Knickrücken vor Sonderburg auf.

Aber das war alles noch nichts, wenn es dem dänischen rechten Flügel bei Ulkebüll zu entrinnen gelang. Der eigentliche Tanz mußte dort losgehen, wenn man aus dem zerschossenen Ormstoft ins Feuerbereich des östlichen Waldsaums trat. Doch Entscheidung kam hier von einem neu gelandeten Detachement, das alsbald im Sturmschritt mit frischer Masse hervorbrach. Würden die Dänen hier nochmals gehörig Feuerfunken zeigen und die Frechheit haben, den Siegesstolzen mit dem Bajonett zu Leibe zu kommen? Kam es wieder zu erbittertem Ringen?

„Einlappen lassen wir uns nicht, schießt, bis die Läufe platzen!“ „Nein, sich nicht viel mit Schießen aufhalten! Drauf, Kerls!“ Oberst v. Witzleben, Kommandeur der Dreizehner, hatte sein erstes Bataillon Borries, das zweite Woyna der Dreiundfünfziger gelandet, während das Gros der Brigaden Schmid und Canstein noch nicht den Booten entstieg, und mit dem zweiten Bataillon Fragstein der Fünfunddreißiger vereint. Diese drei Bataillone nahmen nunmehr erst um sieben Uhr Verfolgung gegen Ulkebüll auf, so lautete ausdrückliches Geheiß des kommandierenden Generals Herwarth v. Bittenfeld, der soeben landete und in den Sattel stieg.

„Da kommt der lange Mutius!“

Lt. v. Mutius vom Stabe des Kommandierenden, eine wohlbekannte Erscheinung, überbrachte kaum den Befehl, als sich Oberst v. Witzleben unter Beisein des gleichfalls gelandeten Generals v. Schmid sofort in Marsch setzte.

Vor ihm loderten die Barackenlager bei Ulkebüll, Wollerup, Sundsmark in Flammen auf, wobei große Massen Heu und Stroh den Brand nährten. Die dänische Führung bestrebte sich also nur noch, Kriegsbeute dem Gegner durch Selbstzerstörung zu entziehen. Oberst Kauffmanns Marschsäulen sah man bereits von Wollerup dem Haff entgegenwandern, und zwar drittes Regiment auf Hörup Kirch, achtzehntes auf Lamberg Holz, bei jedem eine Halbbatterie. An der Ulkebüller Kirche schoß man noch ein wenig, bald räumte der Feind aber diesen Ort und auch Wollerup. Übrigens steckte er die Magazine doch nicht so völlig in Brand, daß die erschöpften Verfolger nicht doch noch manch Faß schönen Biers, Fässer voll Butter, Kaffee, Zucker, Wein, sogar Champagner unversehrt darin ausfindig machten. An Kopenhagener Sodawasser löschte man brennenden Durst. Pferdestriegeln, Deckengurten, Bürsten, Riemzeug aller Art verachtete man auch nicht: man warf das eigene alte Zeug weg und nahm dafür neues.

Dagegen vermochte man Kauffmann erheblichen Verlust nicht mehr beizubringen. Schießend gingen die Dänen rückwärts, bis die Wellen des Haffs vor ihnen blinkten.

„Mit Treffen ist's man mau, wenn man Kimme und Korn nicht erkennen kann!“ brummten westfälische und Brandenburger Schützen an dampfumflorten Knicks. Doch bekam's noch mancher Danske in den Leib, wo die Deutschen gewandt wie Trapper heranschlichen. Auch beim abziehenden zehnten Regiment, welchem der Divisionsstabsunterchef Kapitän Meldahl erst nach Verlust des Sonderburger Mühlbergs bestimmten Befehl zum Abzug nach Süderholz übermittelte, färbten noch Einige mit ihrem Blute den Rasen.

Major Gedde schickte fünfte und siebente Kompagnie voraus, den Westsaum zu besetzen, doch erreichte von letzterer die Hälfte keinen Anschluß mehr, in Gärten und Laufgräben Sonderburgs versteckt und dort abgekniffen. Doch deckte das zweite Bataillon im Ganzen erfolgreich unter stetem Fechten den Abzug des ersten und hielt fechtend auf der Lusthaushöhe stand.

Auch Goeben machte auf Befehl Halt, um sich zu ordnen. Dann ließ es ihm aber keine Ruhe und schon nach einer Viertelstunde Rast setzte er seine müden Truppen wieder in Bewegung, um die Einschiffung zu hindern.

Daß diese am Hörup Haff selber nicht mehr ausführbar, ward bald ersichtlich. Denn während schwache Nachhut Kauffmanns auch bei Wollerup noch schoß, schlug Major v. Fragstein auf persönliche Weisung Herwarths v. Bittenfeld schon den Weg über Lamberg Holz ein: „Dort werden Sie sicher noch Feinde beim Einschiffen überraschen!"

Dem war aber nicht so, wie man glaubte. Steinmann dirigierte schon alles nach Halbinsel Kekenis, um nicht im Haff, sondern draußen auf offenem Meer die Abfahrt zu vollziehen. Er befand sich natürlich in großer Aufregung: „Jetzt gilt's nur noch, die Division selber zu retten!"

Inzwischen nahm die Kriegsflotte schon erste Kompagnie zehnten Regiments hinter Sonderburg an Bord. Ihre Schiffe liefen schon lange aus Hörup Haff aus, es waren dies zwei Dampfkanonen- und zwei Ruderboote, die sich vorteilhaft so legten, daß deutsche Geschosse sie nicht mehr faßten, sie selbst dagegen den Sundewitt bestrichen. Unter ihrem Schutz kamen Schiffe jeder Größe aus dem Haff heraus. Zuletzt nahmen zwei bedeutende Dampfer sechs große Segelschiffe in Schlepptau und glitten majestätisch aufs Meer hinaus. Man sah ihre Dampfsäulen sich nach Süden kräuseln. Ein Dampfer und zwei Ruderboote blieben übrigens der Küste nahe und warfen Kartätschen auf Goebens Fünfundfünfziger, welche Major v. Böcking, später als Regimentschef bei St. Quentin hervorragend, über Sundsmark gegens Süderholz führte. Doch zwangen Düppeler Batterien zuletzt die dänischen Schiffe, weiter in hohe See zu gehen. Doch hatten sie, solange sie sich der Küste näherten, unter die Fünfzehner viele Granaten geworfen.

Sogar die Hälfte der bei Düppel stehenden Füsiliere Vierundzwanziger bewerkstelligte jetzt ihren Übergang nach Sonderburg mit sechs Booten, was der Feind nicht mehr hindern konnte. Sie dienten jetzt dazu, in der verödeten, menschenleeren und an allen Ecken brennenden Stadt den Brand zu löschen, wozu man auch die rudelweise hergetriebenen Gefangenen benutzte.

Prinz Friedrich Karl selber, auf Schanze Zehn bisher den Inselkampf scharf beobachtend, setzte mit den Vierundzwanzigern über und nahm in Sonderburg die Meldung des Generalstabshauptmanns Graf Haeseler entgegen, welchen er den späteren Kolonnen beigeordnet hatte und der, leicht angeschossen, den Arm in der Binde trug.

„Na, giebt's denn hier Beritt?" „Ja woll, Kgl. Hoheit!" führte man ihm ein Husarenpferd vor und er sprengte nun unter brausendem Jubel der Truppen nach Hörup Kirch davon.

Das schleswiger Bataillon Glahn hielt noch eine halbe Stunde die Lusthaushöhe und es kam hier noch zu einigem Gefecht. Es knisterte und knasterte, wenn Zündnadelgewehre und Miniébüchsen so eigenartig rasselten und ihre Geschosse die Sonderburger Chaussee entlangfuhren. Aber deutsche Menge kamen die schwere Menge nun gar schon von rückwärts über die Sundschleife herüber, wo die große deutsche Strandbatterie seit lange sich einschoß. Da sinkt der Vordermann — der ist hin. Dann der Nebenmann — weg ist er. Mann auf Mann sitzen des Feindes Treffer, noch mancher Offizier wird weggeputzt, die Lusthaushöhe war nicht mehr zu halten.

Das nördlich vom Bataillon Glahn zurückgehende fünfte Regiment hatte anfangs mit ersterem noch genaue Verbindung. Jetzt brachte es sich aber auf einem vorher abgesteckten Kolonnenweg schon bis Mölbby inmitte der Haffdünen in Sicherheit und das zehnte Regiment schien nun ganz entblößt.

„Wir müssen den Rückzug nach Hörup Haff beschleunigen, wenn wir noch zuerst kommen wollen," gab Major Gedde die Losung an seine Kompagnieführer aus und ging mit dritten, vierten, sechsten Kompagnie von der Lusthaushöhe nach Klinting ab. Die dritte rettete sich jedoch zur Abteilung Kauffmann hinüber. Die fünfte deckte geschlossen längs der Küste die linke Flanke, die siebente löste sich am Westrand des Süderholzes in Schützen auf und sollte folgen, sobald vierte und sechste sich hindurchgezogen. Erste Kompagnie und einen Zug der fünften hatten die Dampfkanonenboote an Bord genommen, zweite war schon gefangen, ebenso Hälfte der siebenten, die nur noch siebzig Mann bei der Fahne zählte. Die sechste gar nur fünfzig, die vierte das Doppelte.

Die achte scheint erst während des Rückzugs zu ihm gestoßen zu sein, vom fünften Regiment wieder abgekommen.

Die fünfte Kompagnie vermochte sich am Strande nicht zu retten, sondern lief Goebens erneutem Vorrücken ins Netz, streckte umringt das Gewehr. Währenddessen verscheuchte Detachement Witzleben in weitausgreifendem Marsch eine Nachhutkompagnie Kauffmanns von Hörup Kirch, dortigem Windmühlenberg und Kirchhof. Doch darüber ward es schon neun Uhr und ohne schädliche Überanstrengung der todmüden Mannschaft ließ sich Verfolgung nicht weiterspinnen. Bei Kauffmann langte jetzt ein Bataillon sechsten Regiments, nebst der beigefügten Schwadron und Halbbatterie aus dem Norden der Halbinsel an. Viertes und fünftes Regiment, ersteres nur noch in schwachen Bleibseln vorhanden, zogen bereits zur Landenge drei ab. Das andere bei Norburg ganz im Norden stehende Bataillon sechsten Regiments bestieg bei Norderlücke am Nordstrand die Kriegsschiffe Hertha und Willemoes, rettete sich nach Fünen. Das dritte Regiment ging nördlicher, das achtzehnte südlicher auf Schauby am Eingang der Meerenge zurück. Bei Maibüllgaard am Haff stellte sich eine Halbbatterie mit einer Kompagnie auf und beschoß die über Hörup und Sundsmark herangehenden deutschen Vordertruppen. Als Kompagnien Witzlebens noch bis dorthin vorgingen, mischte sich auch ein noch in der Nähe liegendes Kanonenboot ein. Westfalen schüchtert man aber nicht ein, sie drangen bis auf hundert Schritt an die Halbbatterie heran, die sofort in Karriere sich entfernte. Um halbzehn Uhr stellte man jede Verfolgung hier ein, eine Stunde später vereinte man die ganze westfälische Division bei Hörup Kirch, die roten Zietenhusaren erschienen hier auch und ließen umsonst ihre Rößlein wiehern. Des Feindes Nachhut erreichte schon um ein Uhr Halbinsel Kekenis, wo die durchstochene Landenge neun Schiffskanonen schwersten Kalibers schützten, und konnte um so weniger eingeholt werden, als sich auf dem Hörup Haff kein einziges Boot mehr vorfand. Auf der Rhede von Osterby am Südwestrand der Halbinsel wehten die Wimpel des Linienschiffs König Friedrich und der Fregatte Bellona, die Abfahrt deckend und selber schon abends Truppen nach Fünen hinüberschaffend.

Der fünfhundert Schritt lange Damm von Drei glich nur

noch einem schmalen Erdstreifen nach seiner Durchstechung und dort starrten drei Reihen Eggen, Palisaden, spanische Reiter dem Angreifer entgegen. Sieben Vierundzwanzig- zwei Vierundachtzigpfünder dem Linienschiff entnommen und von Matrosen bedient, verwehrte jeden Zugang zum obendrein unterminierten Damme. So konnte man denn auch später dem Feind keinen weiteren Abbruch thun, als Fortschaffung dieser kostbaren Marinekanonen zu hindern, was auch geschah. Außerdem fielen noch neunundneunzig Geschütze samt Zubehör und Munition, versenkte Brückenteile und Regierungsschooner, sowie jenes reiche Kriegsmaterial, mit denen Dänemark sein kleines Heer ausstattete, dem Sieger zu, der auch nicht vergaß, dreißig entdeckte Seeminen ohne Unfall zu entladen.

Außer siebzehn Pionieren und dem Verlust der Brigade Roeder sah man freudig erstaunt, wie wenig die Andern verloren und daß man überhaupt anfangs die eigene Einbuße sehr überschätzte. Detachement Witzleben verlor nur zwei Offiziere zehn Mann, die Lübbener ein Offizier sechsundzwanzig, Goeben sieben Offiziere einundachtzig Mann, so daß Gesamtverlust nur dreiunddreißig Offiziere dreihundertvierzig Mann betrug. Die Dänen behaupteten nur sieben Offiziere fünfzig Mann tot, achtzehn Offiziere zweihundertfünf verwundet in deutscher Hand gelassen, mit Gefangenen fünfundsiebzig Offiziere dreitausendeinhundertsechsundzwanzig Mann verloren zu haben. Es begrub aber Brigade Goeben allein hundert, auch lagen in deutschen Lazaretten dreihundertzwanzig Mann. Außerdem angeblich dreiundfünfzig Offiziere zweitausendvierhunderteinundvierzig Mann gefangen, während die Dänen nur achtunddreißig Offiziere achtzehnhundertvierundsiebzig Mann hierfür angaben. „Statt siebenunddreißig Offiziere zwölfhundertzweiundfünfzig Mann tot und verwundet sind also wahrscheinlich nahezu fünfzehnhundert Köpfe dafür anzunehmen. Macht mit Gefangenen neunzig Offiziere nahezu viertausend Mann!“ behaupteten später deutsche Kriegsgelehrte. Doch sind diese Ziffern alle falsch und rechnen die dänischen aktenmäßigen Belege nur heraus: Einundzwanzig Offiziere vierhunderteinundvierzig Mann verwundet, sechzehn Offiziere dreihundertdreiundvierzig Mann gefallen oder an Wunden gestorben, sechsunddreißig Offiziere achtzehnhundertzweiundvierzig Mann gefangen, vierhundertein Schleswiger desertiert. Doch ist hierbei der Blutverlust der Schleswiger wahrscheinlich aus gehässiger Absicht viel zu niedrig angegeben.

Noch nie ist ein solcher Erfolg unter so besonders gefahrvollen Umständen mit so winzigem Opfer bezahlt worden, der Verlustunterschied stellt sich wie eins zu elf, obschon der Besiegte alle Vorteile der Lage für sich hatte. Nur der preußische Offiziersverlust fiel auf. Kam im Heere durchschnittlich ein Offizier auf vierundvierzig Gemeine, so hier einer auf zwölf Tote und Verwundete. Allerdings ein klares Zeichen, mit welcher Bravour die Führer ihren Leuten voranleuchteten.

Dies zeigte sich noch beim letzten Kampfmoment, in welchem nun auch das zehnte dänische Regiment mit Mann und Maus zu Grunde gegangen war. Als sich nämlich Witzleben dem Lambergholze näherte, fing man einen dänischen Dragoner ab und befragte ihn. Der dumme Jüte plauderte aus, daß wenige hundert Schritt voraus im Holze noch dänisch Fußvolk steckte. Es waren sämtliche Reste zehnten Regiments. Unmittelbar nördlich der Einschiffungsstation hielten sie einige Häuser am Gehölz besetzt. Da er nicht mehr nach Schauby durchkommen konnte, wollte Major Gedde hier auf Schiffe warten. Alsogleich rannten die Dreiundfünfziger an. Einem gaben die Verteidiger noch einen Denkzettel: der war zu frech. Dem Regimentsadjutanten Leutnant Baer mochte auf seinem Schimmel das Miniékugelgesumse zu unangenehm werden, so suchte er denn einfach Deckung nach vorn im Feind und Ausweg aus der peinlichen Stellung, wo die Seinen einen Augenblick unter Salven auf ganz nahe Distanz stutzten, durch Besitzergreifung der feindlichen. Ging's an den Feind, sprengten berittene Führer ja heut überall unerschrocken buschige Höhen hinan, in deren Gesträuchern es nur zu oft zum Handgemenge kam. Dies wollte auch Baer, da fiel er, zu Tode getroffen.

Doch die Seinen stürzten nun mit lautem Zorngebrüll ins Gebüsch. Rings umzingelt, an die Küste gedrückt, vom Haff abgeschnitten, ergab sich Regimentskommandeur Major Gedde. Er hatte noch siebzehn Offiziere dreihundertvierundzwanzig Mann bei sich.

„Seid man ruhig, Kinder, ihr werd's gut bei uns haben, wie die Prinzen!“ tröstete ein gutmütiger Westfale einen großen

Haufen, den er allein aus dem Walde abführte. Die Gefangenen sahen ganz zerknirscht aus, nicht mehr wie früher funkelten trutzig und tückisch helle Blauaugen unter zottigem Rothaar, geknickt und still schlichen sie fürbaß, als sei was faul im Staate Dänemark. Sie gaben ihres Landes Sache verloren.

Und das war sie auch, gebrochen der alte Dänentrotz hochmütiger Inselsöhne. Schleswig-Holstein meerumschlungen lag aufjubelnd im Bruderarm wieder am Busen der gemeinsamen großen Mutter. Walküre Germania weckte Siegfried Jungpreußen aus ihrem Brunhildenschlaf und wie vor Alters ritt sie über die Walstatt mit siegblitzendem Speere.

Höher als alles, höher als Sieg und Triumph wog die geheime Erkenntnis: diesem neuen jungborussischen Heere ist nichts unmöglich. Wer ein seeumgürtetes, kanonenbespicktes, bollwerkgekittetes, feuergelötetes, flottebehütetes, klippenumschrofftes Eiland auf schwanken Kähnen im Sturme nahm, kühner als Wickingsnormannen der Sagezeit, der warf wohl noch andere Hochburg nieder, die neidischer Haß entgegentürmte auf der Bahn zur auferstehenden Einheit. Düppelsturm und Alsenfahrt, kriegerisch staunenswerter als größte später geschehene Thaten, woben eine Brücke zu höheren Stürmen, zu weiteren Fahrten. Als die Fahnen auf jenen Schanzen wehten, da raunte durch ihr flaggendes Tuch die Vorahnung größerer Tage, wo sie flattern sollten auf der Schanze von Chlum, auf den Zinnen von Metz und Sedan. Und der Übergang von Alsen bot Übergang zu einem nicht fernen blutigen Sund, der von Mosel und Maas rollte zu Seine und Loire und den deutsche Herzöge überfuhren mit eiserner Armada.

So endete der Deutschen nordische Heerfahrt.

Militärhistorische Bücher und Schriften aus dem Verlag Rockstuhl in Bad Langensalza

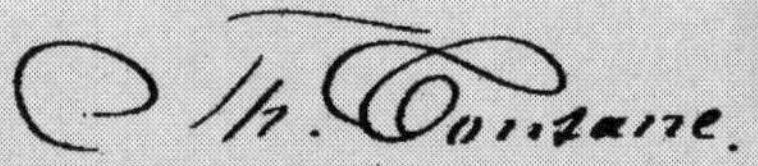

Theodor Fontane - **Berliner Märztage 1848**

Broschur, 50 Seiten, Inhalt: Der achtzehnte März (18. März 1848) – Der andere Morgen (19. März 1848) – Die „Proklamation". „Alles bewilligt". Betrachtungen über Straßenkämpfe. Leopold von Gerlachs Buch – Der einundzwanzigste März – Auf dem Wollboden. Erstes und letztes Auftreten als Politiker – Nachspiel. Berlin im Mai und Juni 1848

ISBN 978-3-86777-024-8

Theodor Fontane - **Der Schleswig-Holsteinsche Krieg im Jahre 1864**

Der Deutsch-Dänische Krieg vom 16. Januar bis 30. Oktober 1864

380 S., 69 schw.-w. Zeichn., 4 Portaits, 56 Abb. u. Pläne, 9 Ktn, Reprint 1866/2005

ISBN 978-3-937135-88-5

Carl Bleibtreu - ***„Düppel-Alsen" – Deutsch-Dänische Krieg 1864***

Der Deutsch-Dänische Krieg vom 16. Januar bis 30. Oktober 1864, Reprint 1906/2009

160 Seiten, 13 Zeichnungen und eine Karte, Broschur ISBN 978-3-86777-013-2

Ferdinand Pflug - **Der Deutsch-Dänische Krieg. 1864**

Geschichte des Feldzuges in Schleswig–Holstein [vom 16. Januar bis 30. Oktober] *1864*

178 Seiten, 70 Zeichn., zwei Karte, Br., Reprint 1865/2009 ISBN 978-3-86777-090-3

B. W. Besser - ***„Drei Wochen auf dem Kriegsschauplatze"*** **1864**

Der Deutsch-Dänische Krieg vom 16. Januar bis 30. Oktober 1864

148 Seiten, Broschur, Reprint 1864/2009 ISBN 978-3-86777-091-0

Der Deutsche Krieg von 1866

Bücher im Verlag Rockstuhl

[Band 1] **Schlacht bei Langensalza 1866** *(Gesamtdarstellung noch 1866)*
158 Seiten, Paperback ISBN **978-3-934748-57-6**

[Band 2] **Wir lustigen Hannoveraner!** *(Augenzeugenberichte)*
134 Seiten, Paperback ISBN **978-3-934748-68-2**

[Band 3] **Dritte 4pfündigen Batterie** *(Augenzeugenberichte)*
150 Seiten, Paperback ISBN **978-3-934748-71-2**

[Band 4] **Officieller Bericht Schlacht bei Langensalza Langensalza 1866**
Reprint, 165 Seiten, Paperback ISBN **978-3-934748-72-9**

[Band 5] **Langensalza und der Mainfeldzug 1866** von Carl Bleibtreu
152 Seiten, Pb., Reprint, Paperback ISBN **978-3-934748-73-6**

[Band 6] **Bataillon Aschersleben** *(Augenzeugenberichte)*
126 Seiten, Paperback ISBN **978-3-934748-74-3**

[Band 7] **Deutsche Krieg 1866** *(Auszug Langensalza aus dem Gesamtwerk)*
Th. Fontane, 80 Seiten, Paperback ISBN **978-3-934748-75-0**

[Band 8] **Die Kriegsereignisse des Jahres 1866 im Herzogtum Gotha und die gothaischen Turner zur Zeit des Treffens von Langensalza**
55 Seiten, Paperback ISBN **978-3-934748-76-7**

[Band 9] **Königlich-Hannoversche Armee - letzter Waffengang Juni 1866**
380 Seiten, Paperback ISBN **978-3-934748-77-4**

[Band 10] **Von Lüneburg nach Langensalza 1866**
Augenzeugenbericht *F. Freudenthal,* 148 S. ISBN **978-3-934748-78-1**

[Band 11] **Herzoglich Sachsen-Coburg-Gothaische Infanterieregiment**
(Augenzeugenberichte) 82 Seiten, Paperback ISBN **978-3-936030-10-5**

[Band 12] **Hannoversche Armee - Schicksale in und nach der Katastrophe 1866**
100 Seiten, Paperback ISBN **978-3-936030-11-2**

[Band 13] **Langensalza und das Ende des Königreichs Hannover**
Fr. Regensberg, Reprint 1906, Pb., 127 S. ISBN **978-3-936030-12-9**

[Band 14] **Meine Erlebnisse zu hannoverscher Zeit 1839 - 1866**
J.Hartmann, Reprint 1912, Pb., 282 Seiten ISBN **978-3-936030-13-6**

[Band 15] **Kampf bei Langensalza 1866** *von Hermann Gutbier*
290 Seiten, 3 Abbildungen, Pb. ISBN **978-3-936030-14-3**

[Band 16] **Schlacht von Königgrätz am 3. Juli 1866** *von Carl Bleibtreu*
Paperback, 196 Seiten, 25 Z. - 21 x 14,8 cm ISBN **978-3-938997-65-9**

[Band 17] **Schlacht bei Langensalza 1866 und der weltweit erste Einsatz des Roten Kreuzes auf dem Schlachtfeld**
von Klaus Pfeifer und Erich Neuß ISBN **978-3-938997-89-5**

[Band 18] **Meine Erinnerungen an den Juni 1866** *von Friedrich Wilhelm Looff*
Paperback, 74 Seiten, 21 Abbildungen ISBN **978-3-86777-026-2**

[Band 19] **Denkmale der Schlacht bei Langensalza 1866** *von Mathias Mergner*
Pb., 104 Seiten, 93 Abbildungen ISBN **978-3-86777-033-0**

[Lithographie] **von der Schlacht bei Langensalza am 27. Juni 1866 mit Merxleben, der Unstrut und Langensalza** [48 x 60 cm] ISBN **978-3-938997-69-7**

Theodor Fontane - ***Der deutsche Krieg von 1866 - [Bd 1]***
Der Feldzug in Böhmen und Mähren

Gesamtausgabe in 2 Bänden - Fontanes Darstellung des preußisch-österreichischen Kriegs
794 Seiten, 234 schw.-w. Abb., 50 schw.-w. Zeichnungen, Festeinband, Reprint 1871/2003
ISBN 978-3-936030-65-5

Theodor Fontane - ***Der deutsche Krieg von 1866 - [Bd 2]***
Der Feldzug in West- und Mitteldeutschland

Gesamtausgabe in 2 Bänden - Fontanes Darstellung des preußisch-österreichischen Kriegs
426 Seiten, 149 schw.-w. Abb., 34 schw.-w. Zeichnungen, Festeinband, Reprint 1871/2003
ISBN 978-3-936030-66-2

Gravelotte.

Die Kämpfe um Metz.

Von

Carl Bleibtreu.

Illustriert von **Chr. Speyer.**

1.—30. Tausend.

In farbigem Umschlag geh. 1 Mk., geb. 2 Mk.

Bleibtreu hat hier zu seinem berühmt gewordenen **Sedan** ein Pendant geliefert, das bezüglich Anschaulichkeit in Darstellung des Kriegslebens vielleicht jenes Werk noch übertrifft. Mit wunderbarem Farbenreichtum und unablässig spannender Komposition entrollt sich hier ein Panorama der furchtbaren Kämpfe um Metz, wie Ähnliches noch nie versucht wurde. Die Vorgänge bei beiden Gegnern werden psychologisch motiviert, wie es heut erst dem Forscher möglich. Dabei athmet das Ganze glühenden Patriotismus. Die Illustrationen von Chr. Speyer, namentlich auch der farbige Umschlag, sind mustergiltig.

Schlachten und Belagerungen im Deutsch-Französischen Krieg (1870–1871) – Gesamtausgabe in 19 Bänden von Carl Bleibtreu im Verlag Rockstuhl –

Band 1	**Weißenburg**	*4. August 1870*	*ISBN 978-3-86777-070-5*
Band 2	**Spichern**	*6. August 1870*	*ISBN 978-3-86777-071-2*
Band 3	**Woerth**	*6. August 1870*	*ISBN 978-3-86777-072-9*
Band 4	**Colombey**	*14. August 1870*	*ISBN 978-3-86777-073-6*
Band 5	**Straßburg** [Belagerung]	*15. August 1870 bis zum 28. September 1870*	*ISBN 978-3-86777-074-3*
Band 6	**Mars-la-Tour**	*16. August 1870*	*ISBN 978-3-86777-075-0*
Band 7	**St. Privat**	*18. August 1870*	*ISBN 978-3-86777-076-7*
Band 8	**Gravelotte**	*18. August 1870*	*ISBN 978-3-86777-077-4*
Band 9	**Beaumont**	*30. August 1870*	*ISBN 978-3-86777-078-1*
Band 10	**Sedan**	*1.September 1870*	*ISBN 978-3-86777-079-8*
Band 11	**Dies irae**	*1. September 1870*	*ISBN 978-3-86777-080-4*
Band 12	**Orléans**	*3. und 4. Dezember 1870*	*ISBN 978-3-86777-081-1*
Band 13	**Le Mans**	*10. bis 12. Januar 1871*	*ISBN 978-3-86777-082-8*
Band 14	**Amiens – Saint-Quentin**	*28. November 1870 19. Januar 1871*	*ISBN 978-3-86777-083-5*
Band 15	**Paris** [Belagerung]	*19. September 1870 bis zum 28. Januar 1871*	*ISBN 978-3-86777-084-2*
Band 16	**Belfort** [Belagerung]	*3. November 1870 bis zum 16. Februar 1871*	*ISBN 978-3-86777-085-9*
Band 17	**Verrath von Metz** [Belagerung]	*20. August 1870 bis zum 27. Oktober 1870*	*ISBN 978-3-86777-086-6*
Band 18	**Die Kommune**	*18. März 1871 bis zum 28. Mai 1871*	*ISBN 978-3-86777-087-3*
Band 19	**Das Ende**		*ISBN 978-3-86777-088-0*

Weitere Bücher über den Deutsch-Französischen Krieg (1870–1871) im Verlag Rockstuhl

Max Riemschneider
Ein Erfurter im Deutsch - Französischen Krieg 1870/71
Feldpostbriefe geschreiben von und an Max Riemschneider (Kaufmann aus Erfurt)
Paperback, 178 Seiten, 68 schw.-w. Abbildungen ISBN 978-3-937135-01-4

Herausgegeben von Thomas Müller über Bernhard Bösemann
Erlebnisse eines Thüringers im Krieg gegen Frankreich 1870/71
158 S., 2 schw.-w. Tab., 22 schw.-w. u. 30 farb. Fotos, 2 schw.-w. Zeichn. Paperback
ISBN 978-3-938997-43-7

Emil Morgenroth, Gehren
Sein schwerster Gang! Im Deutsch - Französischen Krieg 1870/71
Nach dem Tagebuch des invaliden Unteroffiziers Emil Morgenroth vom 3. Thüringischen Infanterie-Regiment Nr. 71
270 Seiten mit Zeichnungen von Hugo Enders, Paperback ISBN 978-3-86777-089-7

Theodor Fontane - **Der Krieg gegen Frankreich 1870–1871 [Bd 1]**
Gesamtausgabe in 3 Bänden – Weißenburg - Wörth - Spicheren - Colombey -Vionville - Gravelotte - Sedan - Wilhelmshöhe - Straßburg - Toul - Metz.
854 Seiten, 67 schw.-w. Abbildungen, Festeinband, Reprint 1873/2004
ISBN 978-3-937135-25-0

Theodor Fontane - **Der Krieg gegen Frankreich 1870–1871 [Bd 2]**
Gesamtausgabe in 3 Bänden – Vor und in Paris vom 20. September bis 24. Dezember 1870 - Die grossen Ausfallgefechte - Vor Paris im Dezember 1870 - Orleans.
Reprint, 623 Seiten, 70 schw.-w. Abbildungen, Festeinband, Reprint 1876/2004
ISBN 978-3-937135-26-7

Theodor Fontan - **Der Krieg gegen Frankreich 1870–1871 [Bd 3]**
Gesamtausgabe in 3 Bänden – Amiens - Dijon - Le Mans - Belfort - (Vor) Paris 25. Dezember 1870 bis 2. März 1871.
418 Seiten, 78 schw.-w. Abbildungen, Festeinband, Reprint 1876/2004
ISBN 978-3-937135-27-4